成田 節
櫻井 麻美 編

ドイツ語文法の基礎〔改訂版〕

単語集

同学社

凡 例

◇ この単語集には，教科書の例文と練習および練習問題で使われている単語がほぼすべて挙げてあります．

◇ それぞれの単語には種々の意味がありますが，ここでは，教科書に出てきた意味が挙げてあります．たとえばeinfach は副詞としての「ただ」「とにかく」の意味が挙げてあり，形容詞の「簡単な」「単純な」という意味は挙げてありません．

◇ 動詞の右肩の ＊ は不規則動詞の印です．

◇ (s) は sein 支配, (h/s) は haben 支配またはsein 支配です．

◇ 前置詞の〔3 格〕は3 格支配，〔4 格〕は4 格支配，〔3・4 格〕3・4 格支配です．

◇ 句例の $...^3$ は，ドイツ語の3 格の名詞・代名詞，あるいはそれに対応する日本語です．
　句例の $...^4$ は，ドイツ語の4 格の名詞・代名詞，あるいはそれに対応する日本語です．

品詞一覧

（男）	男性名詞	（中）	中性名詞
（女）	女性名詞	（複）	名詞複数形
（代）	代名詞	（形）	形容詞
（副）	副詞	（冠）	冠詞類
（前）	前置詞	（接）	接続詞
（間）	間投詞	（自）	自動詞
（他）	他動詞	（再）	再帰動詞
（非人称）	非人称動詞	（助）	助動詞

Abend（男）–s/–e 夕方，晩，夜：zu Abend essen 夕食を食べる
aber（接）しかし，でも
ab|fahren*（自）(s) 発車する，出発する
Abgeordnete（男）（女）（複）議員
ab|holen（他）迎えに行く
ab|nehmen*（他）取る
ab|reisen（自）(s) 旅立つ
all（冠）全ての（代）全て，皆
allein(e)（形）〔副詞的に〕一人で
als（接）…として；…より；〔定動詞後置で〕…したとき；als ob … あたかも…かのように
also（副）だから，それでは
alt（形）古い，年取った；…才の
an（前）〔3・4格〕（近接・接近・所属先など）…に，…で
an|bieten*（他）提供する，勧める
ändern（他）変える
anders（副）違って
an|fahren*（他）（車で）ひく，はねる
Angeklagte（男）（女）（複）被告人
angeln（自）釣りをする
Angst（女）–/ 不安，心配
an|haben*（他）着ている，履いている
an|kommen*（自）(s) 到着する
an|rufen*（他）（…^{4} に）電話する
an|schauen（他）（じっと）見る
an|sehen*（他）（じっと）見る
antworten（自）(auf…^{4} に）答える，返事をする
Anzug（男）–[e]s/Anzüge スーツ
Apfel（男）-s/Äpfel りんご
Apfelkuchen（男）-s/- リンゴケーキ
Apfelsaft（男）–[e]s りんごジュース
Apfelschorle（女）-/-n リンゴジュースの炭酸割り
April（男）–[s]/ 4月
Arbeit（女）–/ 仕事
arbeiten（自）働く
ärgern（再）sich 〜（über…^{4} に）怒る，腹を立てる
arm（形）貧しい
arrogant（形）思い上がった
Artikel（男）–s/- 記事
Arzt（男）–es/Ärzte 医者

Ärztin（女）–/–nen 女医
auch（副）…も
auf（前）〔3・4格〕…の上；（場所）…で・に
Aufgabe（女）–/–n 課題
auf|machen（他）開ける
auf|räumen（他）片付ける
auf|schreiben*（他）メモする
auf|stehen*（自）(s) 起きる
auf|wachen（自）(s) 目覚める
Auge（中）–s/–n 目
August（男）–[e]s/ 8月
aus（前）〔3格〕(出所，出身地）…（の中）から；（材質）…から
Ausflug（男）–[e]s/Ausflüge 遠足
aus|sehen*（自）…のように見える
aus|steigen*（自）(s) 降りる
aus|stellen（他）発行する
aus|ziehen*（他）脱ぐ，取る
Auto（中）–s/–s 自動車
automatisch（形）自動の
Bach（男）-[e]s/Bäche 小川
Bahnhof（男）–[e]s/Bahnhöfe 駅
bald（副）まもなく，すぐに
Bär（男）-en/-en 熊
bauen（他）建てる
Baum（男）–[e]s/Bäume 木
beachten（他）守る，従う
begabt（形）才能ある
beginnen*（自）始まる
behaupten（他）主張する
beherrschen（他）マスターする
bei（前）〔3格〕…のもとで，（勤め先）…で；bei uns 私たちのところでは，わが家では；…^{4} bei sich haben …^{4} を持ち合わせる
beinahe（副）危うく，ほとんど
Beispiel（中）–s/–e 例
Bekannte（男）（女）（複）知り合い
bekommen*（他）もらう，受け取る
benennen*（他）名付ける
benutzen（他）使う
bereuen（他）後悔する
Berlin（中）ベルリン

Berliner（形）ベルリンの
beruhigen（他）安心させる
berühmt（形）有名な
besichtigen（他）見学する
besitzen*（他）所有する
besser（形）(gut の比較級）より良い
best（形）(gut の最上級）最善の
bestehen*（他）(…⁴に）合格する（自）(aus…³から）できている
bestrafen（他）罰する
besuchen（他）訪問する，訪れる
Bett（中）–[e]s/–en ベッド
bevor（接）〔定動詞後置〕…する前に
Bier（中）–[e]s/ ビール
Biergarten（男）-s/..gärten ビアガーデン
Biologie（女）-/ 生物学
bis（前）〔4 格〕…まで
bisschen（代）ein bisschen 少し，ちょっと
Bitte（女）–/–n 頼みごと，お願い
bitte（副）(依頼を丁寧にして）どうぞ，どうか；bitte sehr どういたしまして
bitten*（他）(um …⁴ を）請う
bleiben*（自）(s) とどまる，…のままである
blitzen（非人称）稲光がする
Blume（女）–/–n 花
Blumenstrauß（男）–[e]s/Blumensträuße 花束
Bombe（女）–/–n 爆弾
brauchen（他）(…⁴ が）要る；〔zu不定詞と,否定で〕…する必要はない
braun（形）茶色い
brechen*（他）折る
brennen*（自）燃える
Brief（男）–[e]s/–e 手紙
Briefmarke（女）–/–n 切手
Brille（女）–/–n めがね
bringen*（他）持ってくる，持っていく
Brot（中）-[e]s/-e パン
Brücke（女）–/–n 橋
Bruder（男）–[e]s/Brüder 兄，弟，兄弟
Buch（中）–s/Bücher 本
Bundesrepublik（女）–/ 連邦共和国
Bürgermeister（男）–s/– 市長

Bus（男）–ses/–se バス
Café（中）–s/–s カフェ，喫茶店
CD（女）–/–s コンパクト・ディスク（CD）
Chinesisch（中）中国語
Computer（男）–s/– コンピューター
da（副）〔前の語に係り〕そこの（接）〔定動詞後置〕…なので
dahin（副）そこへ
damals（副）当時
Dame（女）–/–n 女性，婦人
damit〔< da + mit〕それで（手段）(接）〔定動詞後置〕…ために（目的）
danach〔< da + nach〕その後
Dank（男）–[e]s/ 感謝
danke（間）ありがとう
danken（自）感謝する，礼を言う
dann（副）それから；そうしたら
daran〔< dar + an〕それに⇒ gewöhnen
darauf〔< dar + auf〕それを⇒ stolz, freuen
daraus〔< dar + aus〕その中から
darüber〔< dar + über〕それについて⇒ ärgern
da sein*（自）(s)（そこに）ある，いる
dass（接）〔定動詞後置〕…（という）こと
dasselbe（代）同じこと
davon〔< da + von〕それについて
davon|laufen*（自）(s) 逃げ出す
demokratisch（形）民主主義の
denken*（自）(an …⁴ のことを）考える
denn（副）〔疑問文で〕いったい，そもそも（接）というのは
derselbe（代）同じ人
deshalb（副）だから
desto（副）それだけ，ますます
deutsch（形）ドイツの，ドイツ語の
Deutsch（中）ドイツ語
Deutsche（男）(女）(複）ドイツ人
Deutschland（中）ドイツ
Deutschlehrerin（女）–/–nen 女性のドイツ語教師
Deutschlernen（中）ドイツ語学習
Dezember（男）–[s]/ １２月
Diät（女）-/ ダイエット
Dichter（男）–s/– 詩人

dick（形）分厚い
Dienstag（男）–[e]s/–e 火曜日
dieser（冠）この（代）これ
diskutieren（自）議論する
doch（副）(驚き)…じゃないか；(願望)(…なら)なあ；
　doch mal〔命令文で〕まあちょっと
donnern（非人称）雷が鳴る
Donnerstag（男）–[e]s/–e 木曜日
dort（副）あそこ，そこ
dorthin（副）そこへ
Drama（中）-s/Dramen 劇
draußen（副）外で
Drucker（男）–s/– プリンター
dumm（形）ばかな
dunkel（形）暗い
dünn（形）薄い
durch（前）〔4格〕…を通って，…のあちこちを；…を
　通じて，…によって
durch|arbeiten（自）働き通す
dürfen*（助）(許可)…してよい，〔否定で〕…してはいけ
　ない
Ecke（女）-/-n 角
Ei（中）-[e]s/-er 卵
Eile（女）–/ 急ぎ
einfach（副）ただ，とにかく
einmal（副）一度，かつて，あるとき；noch einmal
　もう一度
ein|schlafen*（自）(s) 寝入る
ein|steigen*（自）(s) 乗車する
einzig（形）唯一の
Eltern（複）両親
E-Mail（女）-/-s Eメール
empfangen*（他）迎える，歓迎する
empfehlen*（他）薦める
Ende（中）-s/-n 終り：zu Ende 最後まで
englisch（形）英語の
Englisch（中）英語
Enkelin（女）-/-nen 孫娘
enthalten*（他）含む
entlang（前）〔4格〕…に沿って
entlassen*（他）解雇する
entschuldigen（他）赦す

entsprechen*（自）(…^{3} に)合致する
Erdbeere（女）-/-n イチゴ
Erde（女）–/–n 地球
Ergebnis（中）-ses/-se 結果
erhalten*（他）受け取る
erholen（再）sich ～ 休養する，保養する
erinnern（再）sich ～ (an …^{4}を)覚えている，思い
　出す
Erkältung（女）-/ 風邪
erklären（他）説明する；言明する
erlauben（他）許可する；〔sich^3 … erlauben〕敢えて
　…をする
erreichen（他）(…^{4}に)間に合う
erzählen（他）話して聞かせる
essen*（他）食べる
Essen（中）–s/ 食事
etwa（副）だいたい；もしかして
etwas（代）何か：so etwas そんなもの，そんなこと
Fabrik（女）–/–en 工場
fahren*（自）(s)（乗り物で）行く,（乗り物が）走る（他）
　（乗り物を）運転する
Fahrrad（中）–[e]s 自転車
Fall（男）–[e]s/ 崩壊
fallen*（自）(s) 落ちる
Familie（女）–/–n 家族
Februar（男）–[s]/ 2月
fehlen（自）不在だ，来ていない
feiern（自）パーティをする
Ferienhaus（中）-es/..häuser 別荘
fern|sehen*（自）テレビを見る
Fernseher（男）–s/– テレビ
fest|legen（他）決める，定める
Fieber（中）–s/ 熱
Film（男）–[e]s/-e 映画
finanziell（形）経済的な
finden*（他）見つける；(…^{4}を…と)思う
Fisch（男）-[e]s/-e 魚
Flasche（女）-/-n ボトル
Fleisch（中）-[e]s/ 肉
fliegen*（自）(s) 飛ぶ,（飛行機で）行く
Folge（女）–/–n 結果
Foto（中）–s/-s 写真

fotografieren (自) 写真を撮る
Frage (女) –/–n 質問
fragen (他) (…4 に nach …3 を) 尋ねる
Französisch (中) フランス語
Frankfurt (中) フランクフルト
Frau (女) -/–en 女性；妻；Frau … …さん
frech (形) 生意気な
Freiheit (女) -/ 自由
Freitag (男) –[e]s/-e 金曜日
freuen (再) sich ～ よろこぶ, (auf …4 を) 楽しみにする, (über …4 を) うれしく思う
Freund (男) –[e]s/-e 友だち；恋人
Freundin (女) –/–nen 友だち；恋人
Freundlichkeit (女) –/ 親切
frisch (形) 新鮮な, 出来立ての
fristlos (形) 猶予なしの, 即時の
früh (形) 早い
Frühling (男) –s/-e 春
Frühstück (中) -[e]s/-e 朝食
frühstücken (自) 朝食をとる
fühlen (再) sich ～ (自分が) …だと感じる
führen (自) (…へ) 通じる
für (前) [4格] …のため, …にとって
Fuß (男) –es/Füße 足：zu Fuß 徒歩で
Fußball (男) –[e]s/..bälle サッカー；サッカーボール
Fußballspiel (中) –[e]s/..spiele サッカーの試合
Fußballstadion (中) –s/..stadien サッカースタジアム
Gabel (女) -/-n フォーク
ganz (形) 全体の〔副詞的に〕全く
gar (副) (否定と) 全然 (…ない)
Gast (男) –[e]s/Gäste 客
Gebäude (中) –s/- 建物
geben* (他) 与える；es gibt …4 (…4) がある, いる
Geburtstag (男) –[e]s/-e 誕生日
Geburtstagsparty (女) -/-s 誕生日パーティー
Gedicht (中) -[e]s/-e 詩
Gefahr (女) –/–en 危険
gefallen* (自) (…3 の) 気に入る
gegen (前) [4格] …に向かって
Gegend (女) –/–e 地方, 地域
gegenüber (前) [3格] …の向かいに
gehen* (自) (s) 行く；es geht …3… (…3 は) 調子が…だ

gehören (自) (…3 の) ものだ
Geige (女) -/-n バイオリン
geizig (形) けちな
Geld (中) –[e]s/ お金
genau (副) ちょうど, まさに
gerade (副) (ちょうど) 今
Gerät (中) -[e]s/-e 機械, 器具
Geräusch (中) –[e]s/-e 物音
gern (副) 好んで, よく
Geschenk (中) -[e]s/-e プレゼント
Geschirr (中) –[e]s/ 食器
Geschwister (複) 兄弟姉妹
gestern (副) 昨日
gewinnen* (他) 得る, 当てる
gewöhnen (再) sich ～ (an …4 に) 慣れる
Gitarre (女) –/–n ギター
Glas (中) –es/Gläser グラス, コップ
glauben (他) 思う, 考える (自) (…3 を) 信じる
gleich (副) すぐに
glücklich (形) 幸せな
Gott (男) –[e]s/Götter 神
grau (形) 灰色の
Griechenland (中) ギリシャ
groß (形) 大きい, 背が高い
Großmutter (女) -/..mütter 祖母
Großvater (男) -s/..väter 祖父
großzügig (形) 気前のいい
grün (形) 緑の：ins Grüne 郊外へ, 自然の中へ
gründlich (形) 〔副詞的に〕徹底的に
grüßen (他) (…4 に) 挨拶する
gut (形) 良い〔副詞的に〕上手に, 良く
Haar (中) –[e]s/-e 髪：um ein ～ あやうく
haben* (他) 持っている, (…4 が) ある, いる；〔zu 不定詞と〕…しなければいけない
hageln (非人称) あられが降る, ひょうが降る
halb (形) 半分の：halb elf 10時半
halten* (自) 停まる (他) (…4 を für …と) 思う
Hand (女) –/Hände 手
Handy (中) -s/-s 携帯電話
hängen* (他) 掛ける (自) 掛かっている〔(他) は規則動詞, (自) の3基本形は hängen – hing –

gehangen〕
Hauptstadt（女）-/..städte 首都
Haus（中）–es/Häuser 家：nach Hause 家へ（帰る），zu Hause 家で，家に（居る）
Hausaufgabe（女）–/–n 宿題
heiraten（他）（...4と）結婚する
heiß（形）熱い，暑い；激した
heißen*（自）...という名前である；es heißt ... ...と言われている
hektisch（形）慌しい，せわしない
helfen*（自）（...3を）手伝う，助ける
Hemd（中）–[e]s/–en シャツ
Herbst（男）–[e]s/–e 秋
Herr（男）–n/–en 男性，紳士；...さん
herum（副）um ... herum …のまわりに
heute（副）今日
hier（副）ここ
Hilfe（女）–/–n 手助け
hinter（前）〔3・4格〕...の後ろ
Hinweis（男）–es/–e 指示
hoch（形）高い
hoffen（他）期待する
Holz（中）–es/Hölzer 木材
hören（他）聞く；聞こえる（自）（auf ...4に）従う
Hose（女）–/–n ズボン
Hotel（中）–s/–s ホテル
hübsch（形）素敵な，感じのいい，かわいい
Hund（男）–[e]s/–e 犬
Hut（男）–[e]s/Hüte 帽子
immer（副）いつも；immer noch/noch immer あいかわらず；nicht immer いつも...とは限らない；〔immer + 比較級〕ますます...
in（前）〔3・4格〕...の中
Innenstadt（女）–/..städte 街の中心部
intensiv（形）集中した
interessant（形）興味深い，おもしろい
Interesse（中）–s/（an ...3への）興味，関心
interessieren（再）sich ~（für ...4に）関心がある，興味がある
Italien（中）イタリア
ja（間）〔応答で〕はい；na ja まあいいか
Jahr（中）–[e]s/–e 年

Januar（男）–[s]/ １月
Japan（中）日本
Japaner（男）–s/– 日本人
japanisch（形）日本の，日本人の
je（副）これまでに（接）〔定動詞後置，比較級と〕...であればあるほど
jeder（冠）どの...も；毎...（代）誰でも
jener（冠）あの
jetzt（副）今，これから，もうそろそろ
Journalistin（女）-/-nen 女性のジャーナリスト
Juli（男）–[s]/ ７月
jung（形）若い
Junge（男）-n/-n 男の子，少年
Juni（男）–[s]/ ６月
Kaffee（男）–s/ コーヒー
kalt（形）寒い；冷たい
Kanada（中）カナダ
kaputt（形）壊れた；故障した
Kartoffelchip（男）-s/-s ポテトチップ
Katze（女）–/–n 猫
kaufen（他）買う
kein（冠）（否定を表す）kein Geld haben お金がない；keinen Test machen テストをしない
Kellner（男）–s/– ウエイター
kennen*（他）（個人的に・直接）知っている
Kette（女）-/-n ネックレス
Kind（中）–[e]s/–er 子ども
Kino（中）–s/–s 映画館：ins Kino gehen 映画に行く
Kirche（女）-/-n 教会
Klavier（中）–s/–e ピアノ
Kleid（中）–[e]s/Kleider ワンピース，ドレス
klein（形）小さい
klug（形）賢い，頭の良い
kochen（自）料理する（他）（食事を）作る
Koffer（男）–s/– スーツケース
Kollege（男）–n/–n （男性の）同僚
Kollegin（女）–/–nen （女性の）同僚
kommen*（自）(s) 来る
können*（助）...できる；...かもしれない，〔否定で〕...ではありえない
Kopfhörer（男）-s/- ヘッドフォン
Kopfschmerzen（複）頭痛

krank（形）病気の
Kranke（男）（女）（複）病人
Krankenhaus（中）–es/..häuser 病院
Krieg（男）–[e]s/–e 戦争
Küche（女）–/–n 台所
Kühlschrank（男）–[e]s/..schränke 冷蔵庫
kurz（形）短い
lächeln（自）微笑む
Lampe（女）–/–n 照明
lang（形）長い
lange（副）長い間，長く
langsam（形）〔副詞的に〕ゆっくり；そろそろ
Laptop（男）-s/-s ノートパソコン
Lärm（男）-s/ 騒音
lassen*（助）…させる
laufen*（自）(s) 駆ける，歩く；動く
leben（自）生きる，暮らす
Leben（中）–s/ 生活, 人生, 命
Lebensmittel（複）食料品
ledig（形）独身の
legen（他）置く，横たえる（再）sich 〜 横になる
Lehrer（男）–s/– 教師，先生
Lehrerin（女）–/–nen 女性の教師，女性の先生
leicht（形）軽い；簡単な
leider（副）残念ながら
leise（形）（音の）小さい
lernen（他）（自）勉強する，学ぶ
lesen*（他）読む
letzt（形）昨…，直前の；直近の
Leute（複）人々
lieben（他）愛する；大好きだ
Lied（中）-[e]s/-er 歌
liegen*（自）置いてある，(雪が) 積もっている；位置する
Liter（男）（中）–s/– リットル
live（形）ライブの
loben（他）ほめる
lösen（他）解く
los|fahren*（自）(s) 出発する
los|gehen*（自）(s) 出発する
Lotto（中）–s/ ナンバーくじ
Luft（女）–/ 空気

lügen*（自）嘘をつく
Lust（女）–/ …する気
machen（他）する；(写真を) 撮る；…^{4}を…にする
Mädchen（中）-s/- 女の子，少女
Mai（男）–[s]/ 5月
Mail（女）–/–s メール
mal（副）一度；〔依頼文で〕ちょっと
Maler（男）–s/– 画家
Malerin（女）-/-nen 女性の画家
man（代）人は，人々は（訳さないことが多い）
manche（冠）何人かの，いくつかの（代）何人か，いくつか
manchmal（副）ときどき
Mann（男）–[e]s/Männer 男；夫
Mantel（男）–s/– コート
Mappe（女）-/-n ファイル（バインダー）
Märchen（中）–s/– 童話，昔話，おとぎ話
Markt（男）–[e]s/Märkte 市場，マーケット
März（男）–[es]/ 3月
Matratze（女）-/-n マットレス
Mauer（女）–/–n 塀：Berliner Mauer ベルリンの壁
mehr（形）より多く，〔否定と共に〕もう (…ではない)
meinen（他）…を指す，…のことを言っている
meist（形）最も多い
Mensch（男）-en/-en 人間
Mercedes（男）メルセデス・ベンツ
merken（他）〔sich^3 と〕…^{4} を覚える
Milch（女）–/ 牛乳，ミルク
Mineralwasser（中）-s/ ミネラルウォーター
mit（前）〔3 格〕(相手) …と, (手段) …で；⇒zufrieden
mit|bringen*（他）（着くところに）持って行く，持って来る
mit|fahren*（自）(s) 同行する
mit|kommen*（自）(s) 同行する
mit|nehmen*（他）（出る時に）持って行く
Mittag（男）–s/–e 昼, 正午：zu Mittag essen 昼食を食べる
Mittwoch（男）–[e]s/–e 水曜日
möchte（助）…したい
Modell（中）-s/-e 型，モデル
modern（形）最新の，はやりの
mögen*（助）…かもしれない；〔否定と〕…したく

ない（他）(...⁴が)好きだ
möglich（形）可能な
möglichst（副）可能な限り
Montag（男）–s/–e 月曜日
morgen（副）明日
Morgen（男）–s/– 朝
Motor（男）–s/–en エンジン
Motorrad（中）-[e]s/..räder オートバイ
müde（形）疲れた，眠い
München（中）ミュンヘン
Museum（中）–s/Museen 博物館，美術館
Musik（女）–/ 音楽
müssen*（助）...ねばならない；...に違いない
Mutter（女）–/Mütter 母
nach（前）[3格]（地名と）...へ；...の後で；...にちなんで；nach Hause 家に（帰る）；nach und nach 徐々に；⇒ fragen
nachdem（接）[定動詞後置]...した後
Nachmittag（男）–s/–e 午後
Nachricht（女）–/–en 知らせ
nächst（形）(nahの最上級) 次の
na ja そうだねえ；まあいいか
Name（男）-ns/-n 名前
natürlich（副）もちろん
neben（前）[3・4格]...のとなりに
Nebenjob（男）-s/-s アルバイト
Neckar（男）ネッカー川
nehmen*（他）取る；（交通手段を）利用する
nein（間）[応答で] いいえ
nennen*（他）名づける，呼ぶ
nett（形）親切な；感じの良い
neu（形）新しい
neugeboren（形）生まれたばかりの
nicht（副）...ない
nichts（代）何も...ない
nie（副）決して...ない，一度も...ない
noch（副）まだ，なお：noch einmal もう一度，noch nicht まだ...ない
Not（女）–/ 苦境
Novelle（女）-/-n 短編小説
November（男）–[s]/ 11月
nun（副）これから

nur（副）ただ...だけ；[願望文で] せめて
nützlich（形）役に立つ
ob（接）[定動詞後置]...かどうか；als ob ... あたかも...かのように
obwohl（接）[定動詞後置]...であるのに
oder（接）または，それとも
offen（形）開いている；率直な
öffnen（他）開ける
oft（副）たびたび，よく
ohne（前）[4格]...なしに；[zu 不定詞句と]...することなく
Oktober（男）–[s]/ 10月
Oma（女）-/-s おばあちゃん
Onkel（男）–s/– おじ
operieren（他）手術する
Orangensaft（男）-[e]s/..säfte オレンジジュース
Ostberlin（中）東ベルリン
Ostberliner（男）–s/– 東ベルリン市民
Osten（男）–s/ 東
Österreich（中）オーストリア
paar [ein paarで] 二三の，いくつかの
packen（他）荷物を詰める
Packung（女）–/–en パック，一箱
Papa（男）–s/–s パパ
Party（女）–/–s パーティー
passen（自）（サイズが...³に）合う
Patient（男）–en/–en 患者
PC（男）–[s]/–[s] パソコン
Pflicht（女）–/–en 義務
Pianistin（女）–/–nen 女性ピアニスト
Platz（男）–es/Plätze 座席：Platz nehmen 座る
plötzlich（副）突然，急に
Politiker（男）–s/– 政治家
Politikerin（女）-/-nen 女性の政治家
Polizist（男）-en/-en 警察官
Porsche（男）ポルシェ
positiv（形）肯定的な；好ましい
Post（女）–/ 郵便局
Preis（男）–es/–e 賞；[複数形で] 物価
Problem（中）–s/–e 問題
Professor（男）–s/–en 教授
Professorin（女）-/-nen 女性の教授

Prüfung（女）–/–en 試験
pünktlich（形）時間どおりの
putzen（他）みがく
Rat（男）–[e]s 忠告, 助言, アドヴァイス
recht haben（成句）（言うことが）正しい
reden（自）話す, しゃべる
Regen（男）–s/ 雨
Regenschirm（男）–[s]/–e 雨傘
regnen（非人称）雨が降る
reich（形）裕福な, 金持ちの
reinigen（他）クリーニングする
Reis（男）-[e]s/ 米
Reise（女）–/–n 旅行
reisen（自）旅行する
Reisende（男）（女）（複）旅行者
Reiswein（男）-[e]s/ 酒（米のワイン）
rennen*（自）走る
renovieren（他）改装する
Renovierung（女）改装
reparieren（他）修理する
Republik（女）–/–en 共和国
Restaurant（中）–s/–s レストラン
retten（他）救う
Ring（男）-[e]s/-e 指輪
Rock（男）–[e]s/Röcke スカート
Rollstuhl（男）–[e]s/..stühle 車椅子
Rom（中）ローマ
Roman（男）–s/–e （長編）小説
Rose（女）–/–n バラ
rot（形）赤い
Rucksack（男）–[e]s/..säcke リュックサック
ruhig（形）静かな, 閑静な
sagen（他）言う
Samstag（男）–[e]s/–e 土曜日
Sandale（女）-/-n サンダル
Schachtel（女）-/-n 箱
schaffen（他）やり遂げる
schämen（再）sich ～ 恥ずかしい
schauen（自）見る, 目を向ける
schenken（他）贈る
schick（形）シックな, 上品な
schicken（他）送る

Schiffsreise（女）-/-n 船旅
schlafen*（自）眠る
Schlossruine（女）–/–n 城跡, 古城
Schluss（男）終了 : mit ...³ Schluss machen ...と別れる
Schlüssel（男）–s/– 鍵
schmecken（自）味がする
Schnee（男）–s/ 雪
schneiden*（他）切る
schneien（非人称）雪が降る
schnell（形）速い
Schokolade（女）-/ チョコレート
schon（副）すでに, もう
schön（形）美しい, すてきな, 素晴らしい, 良い ; Danke schön! どうもありがとう。
schreiben*（他）書く
Schreibtisch（男）–[e]s/–e 机
Schriftstellerin（女）–/–nen 女性の作家
Schuh（男）–[e]s/–e 靴
Schule（女）–/–n 学校 ; 学校の授業
Schüler（男）–s/– 生徒
Schülerin（女）–/–nen 女子生徒
schwarz（形）黒い
schweigen*（自）黙る
Schweiz（女）-/ スイス
Schwester（女）–/–n 姉, 妹, 姉妹
schwierig（形）難しい
Schwimmbad（中）–[e]s/..bäder プール
schwimmen*（自）(h/s) 泳ぐ
sehen*（他）見る, 見える ; 会う
sehr（副）とても ; Bitte sehr! どういたしまして
sein*（自）(s) ...である ; ある, いる
seit（前）〔3 格〕...以来, ...前から
Sekt（男）-[e]s/ スパークリングワイン
selbst（代）自身, 本人
senden*（他）送る
September（男）–[s]/ 9 月
setzen（再）sich ～ 座る, 腰掛ける
sicher（副）きっと
singen*（自）歌う
sitzen*（自）座っている

so（副）そのように；とても；so etwas そんなもの，そんなこと
Sofa（中）–s/–s ソファー
sofort（副）すぐに
Sohn（男）–[e]s/Söhne 息子
sollen*（助）（主語以外の人の意志を表して）…べき；…だそうだ；〔接続法2式で〕…する方がよい
Sommer（男）–s/– 夏
sondern（接）nicht A, sondern B AではなくてBだ
Sonnabend（男）–s/–e（北部ドイツで）土曜日
Sonne（女）–/–n 太陽
Sonntag（男）–[e]s/–e 日曜日
Sorge（女）–/–n 心配；sich³ Sorgen machen 心配する
spannend（形）はらはら（わくわく）させる
sparen（他）貯める
spät（形）遅い：Wie spät ist es? 何時ですか？
spazieren gehen*（自）(s) 散歩する
Spaziergang（男）–[e]s/..gänge 散歩
Speisekarte（女）–/–n メニュー
spenden（他）寄付する
Spiegel（男）–s/– 鏡
spielen（自）遊ぶ（他）（サッカーなどを）する；（楽器を）演奏する
Sportwagen（男）-s/- スポーツカー
sprechen*（他）（自）話す
Sprichwort（中）–[e]s/..wörter ことわざ
spülen（他）洗う；すすぐ
Staat（男）-[e]s/-en 国，国家
Stadt（女）–/Städte 都市，町
stammen（自）（aus…³の）出である
statt（前）〔2格〕…の代わりに
statt|finden*（自）行われる
Staubsauger（男）-s/- 掃除機
stehen*（自）立っている，置いてある；書いてある
stehlen*（他）盗む
Stelle（女）–/–n 職場；立場
stellen（他）置く
sterben*（自）(s) 死ぬ
stets（副）常に
Steuer（女）–/–n 税金
Stich（男）im Stich lassen 見捨てる
stimmen（自）事実に合う

Stipendium（中）–s/Stipendien 奨学金
stolz（形）（auf…⁴を）誇りに思う
Straße（女）–/–n 道路
streichen*（他）塗る
Streit（男）–[e]s/–e 口論
streiten*（自）口論する
streng（形）厳しい
Student（男）–en/–en 大学生
Studentin（女）–/–nen 女子学生
studieren（自）（大学で）勉強する（他）専攻する
Stuhl（男）–s/Stühle 椅子
Stunde（女）–/–n 時間（英：hour）
suchen（他）探す
Südamerika（中）南アメリカ
super（形）素晴らしい，すごい
Supermarkt（男）–[e]s/..märkte スーパーマーケット
süß（形）甘い
Süßigkeiten（複）甘いもの，お菓子
Symphonie（女）–/–n 交響曲
Tafel（女）-/-n 板状のもの：eine Tafel Schokolade 板チョコ1枚
Tag（男）–[e]s/–e 日：den ganzen Tag 一日中, jeden Tag 毎日
täglich（形）毎日の
Tante（女）–/–n おば
tapezieren（他）壁紙を貼る
Tasche（女）–/–n バッグ；ポケット
Taschengeld（中）–[e]s/ お小遣い
Taschentuch（中）–[e]s/..tücher ハンカチ
Tatsache（女）–/–n 事実
Taxi（中）–s/–s タクシー
Tee（男）–s/–s お茶，紅茶
Teich（男）–[e]s/–e 池
teil|nehmen*（自）（an…³に）参加する
Teilzeit（女）–/ パートタイム
Telefon（中）–s/–e 電話
telefonieren（自）電話で話す
Tempel（男）-s/- 寺
Termin（男）–s/–e （会う）約束，日時
Test（男）–[e]s/–s（または –e）テスト
teuer（形）高価な
tief（形）深い

Tisch（男）–[e]s/–e テーブル，机
Tischtennis（中）–/ 卓球
Tochter（女）–/Töchter 娘
Tourist（男）–en/–en 観光客
tragen*（他）着る；持つ，抱える
trauen（自）（...³を）信用する
treffen*（他）（...⁴に）会う
trinken*（他）飲む
trotz（前）〔2格〕...にもかかわらず
trotzdem（副）それにもかかわらず
tschüs/tschüss（間）じゃあね
tun*（他）行う，する（自）振舞う
Tunnel（男）-s/- トンネル
Tür（女）–/–en ドア
über（前）〔3・4格〕...の上方〔4格〕...を渡って；...について
überhaupt（副）〔否定を強めて〕全然...ない；決して...ない〔補足疑問文で〕ところで，そもそも
übertragen*（他）中継する
Uhr（女）–/–en 時計；(時刻の)...時；wie viel Uhr 何時？
um（前）〔4格〕...の周り；(時刻)...時に；〔zu 不定詞句と〕...するために；um ein Haar あやうく（...するところだった）；〔um so 比較級〕それだけますます...
um|steigen*（自）(s) 乗り換える
Umwelt（女）-/ 環境
um|ziehen*（自）(s) 引っ越す
unbedingt（副）絶対に，是が非でも
und（接）そして，で；...と
Unfall（男）–[e]s/Unfälle 事故
Uni（女）–/–s 大学
Universität（女）–/–en 大学
unter（前）〔3・4格〕...の下
unternehmen*（他）（旅行などを）する
Unterricht（男）–[e]s/ 授業
Unterstützung（女）–/–en 援助
untersuchen（他）診察する
Urlaub（男）-[e]s/-e 休暇
Vase（女）–/–n 花瓶
Vater（男）–s/Väter 父親
verbessern（他）改善する

verbeugen（再）sich ～ お辞儀をする
Verbrecher（男）–s/– 犯罪者
verbringen*（他）過ごす
verdienen（他）稼ぐ
vergessen*（他）忘れる
Verkäuferin（女）–/–nen 女性店員
verlassen*（他）...を離れる
vernehmen*（他）（...⁴に）尋問する
vernünftig（形）理性的な；ちゃんとした，まともな
verpassen（他）（...⁴に）乗り遅れる
verschieden（形）色々な，さまざまな
versprechen*（他）約束する
verstehen*（他）理解する
versuchen（他）試みる，やってみる
verursachen（他）引き起こす
Verwandte（男）（女）（複）親戚，親類
Verzeihung（女）–/ 赦し
viel（形）たくさんの（副）あまりに；〔比較級と〕はるかに
vielleicht（副）もしかしたら，ひょっとしたら
Viertel（中）–s/– 地区，地域
Visum（中）–s/Visa（またはVisen）ビザ
Volk（中）–[e]s/Völker 民族，国民
von（前）〔3格〕...から；...の；...によって；...について
vor（前）〔3・4格〕...の前，(時間)...前；vor sich haben 目前に控えている
vor|bereiten（再）sich ～ 準備する
Vorhang（男）–[e]s/Vorhänge カーテン
Vorlesung（女）–/–en 講義
vorne（副）前に
vor|stellen（他）紹介する；〔sich³ と〕...⁴を想像する，空想する
während（前）〔2格〕...の間に（接）〔定動詞後置で〕...する間
Wald（男）-[e]s/Wälder 森
Wand（女）–/Wände 壁
wandern（自）(s) ハイキングする
wann（副）いつ
Ware（女）–/–n 品物
warm（形）暖かい
warten（自）待つ（auf...⁴を）
warum（副）なぜ

was（代）何
waschen*（他）洗う
Wasser（中）–s/ 水
wechseln（他）替える
weder（接）〔weder ... noch 〜で〕...も〜もない
Weg（男）–[e]s/–e 道
wegen（前）〔2格〕（原因・理由）...のために
Weihnachten（中）–/– クリスマス
weil（接）〔定動詞後置〕（原因・理由）...から
Weile（女）–/（多少の）時間：eine Weile しばらくの間
Wein（男）–[e]s/–e ワイン
weinen（自）泣く
Weinlokal（中）–[e]s/–e ワイン酒場
weiß（形）白い
weit（形）遠い；太い，幅広の
welcher（冠）どの，どちらの（代）どれ，どちら；いくらか，何人か
Welt（女）–/–en 世界
Weltreise（女）–/–n 世界一周旅行
wenden*（他）裏返す
wenig（形）少ない（代）少し，少数
wenn（接）〔定動詞後置〕...ならば，...ときは；auch wenn ... たとえ...でも
wer（代）誰
werden*（自）(s) ...になる（助）...だろう
werfen*（他）投げる
Westberlin（中）西ベルリン
Westberliner（男）–s/– 西ベルリン市民
Wetter（中）–s/ 天気
wichtig（形）大事な，重要な
wie（副）どのように；どのくらい（接）...のように
Wiedersehen（中）–s/ 再会
Wien（中）ウィーン
Winter（男）–s/– 冬
wirklich（副）本当に
wissen*（他）知っている
wo（副）どこ〔他に関係副詞の用法もある〕
Woche（女）–/–n 週
Wochenende（中）–s/–n 週末
woher（副）どこから
wohin（副）どこへ

wohl（副）たぶん，おそらく〔疑問文で〕いったい
wohnen（自）住む，泊まる
Wohnung（女）–/–en 住まい
Wolf（男）-[e]s/Wölfe 狼
wollen*（助）...するつもりだ，...したい；wollen wir ...?（誘いかけ）...しない？
Wort（中）–[e]s/〔複数形：Wörter〕単語，〔複数形：Worte〕（人が言った）ことば
Wörterbuch（中）–[e]s/..bücher 辞書
Wunsch（男）–[e]s/Wünsche 望み，願い
Wurst（女）-/Würste ソーセージ
Zahl（女）-/-en 数字
zahlen（他）払う
Zahn（男）–[e]s/Zähne 歯
zeichnen（自）スケッチをする
Zeit（女）–/ 時間；時代
Zeitschrift（女）–/–en 雑誌
Zeitung（女）–/–en 新聞
zerstören（他）破壊する
Ziel（中）–[e]s/–e 目的地
Zimmer（中）–s/– 部屋
zu（前）〔3格〕(行先)...に，...のところに；zu Hause 家に，家で（時・機会）zum Geburtstag 誕生日に；zu Mittag essen 昼食を取る；（様態）zu Fuß 徒歩で；zu dritt 3人で（副）あまりに（接）〔不定詞と〕...すること
Zucker（男）–s/ 砂糖
zuerst（副）最初は，最初に
zufällig（形）偶然の
zufrieden（形）満足の（mit ...^{3}に）
Zug（男）–[e]s/Züge 列車
Zukunft（女）–/ 未来，将来
zu|machen（他）閉める，閉じる
zu|nehmen*（自）太る
zusammen（副）一緒に
zwar（副）（後続の打ち消しを予告して）たしかに...
zwischen（前）〔3・4格〕...と...の間に
zwitschern（自）さえずる

ドイツ語文法の基礎〔改訂版〕

成田　節
櫻井麻美

同学社

―― 音声について ――

🎧がついている箇所については，ネイティブスピーカーによる録音があります．
同学社のホームページよりダウンロードできます．

http://www.dogakusha.co.jp/08917_onsei.html

まえがき

本書は，ドイツ語文法の基礎を一通り学ぶための教科書です．

本書は，成田節「ドイツ語文法の基礎」(2009年)の改訂版です．全体の構成を見直し，例文も時代に即したものに変えました．

1. 本文は，内容厳選のうえ簡潔にまとめられた16課構成とし，課末の練習問題は，穴埋めや書き換え問題を含む和訳関連10題と，使用語句を与えての独作文5題を基本としています．
2. 各課の配列については，文法上の基礎知識が段階的に無理なく習得できるよう工夫し，基礎を補うような文法事項は各課の補足として，応用的な文法事項は巻末補足としてまとめました．
3. 各課の冒頭には基本例文をかかげて，その課で習得すべき文法事項の要点が何であるかをまえもって示し，また，自習・予習の便を考えて，例文には一部を除いて和訳を付けました．
4. 例文や練習問題のドイツ語文は，日常生活においてもよく使用される重要語を用いた表現を選ぶよう心がけました．また，前後をつなげるとストーリーができるように工夫した箇所もあります．
5. 語形変化には図表を用い，重要な文法項目なども字体を変えるなどして，視覚的にも理解を促すよう努めました．

別冊付録として，教科書で使用されている単語の単語帳をつけました。いずれは自力で辞書を活用できるようになることが大事ですが，初歩の段階では新出単語が多いので，単語帳を活用することも学習の手助けになると思います．

また，例文や練習問題などの音声は同学社のホームページからダウンロードできるように準備しました．授業や自習に活用してください．

例文のチェックなどで，東京外国語大学のChristoph Hendricksさん，東京藝術大学のDiana Beier-Taguchiさんと東京外国語大学のIris Haukampさんのご協力を得ました．ここに記して感謝します．

2018年早春　　　　　　　　　　　　　　　　　　　　　　　　　　　　編者

目 次

Das Alphabet ……………………………………………………………………………………… 1

つづりの読み方 …………………………………………………………………………………… 2

第 1 課 動詞の現在人称変化（1）・定動詞の位置（1） ……………………………………… 6
　　§1 動詞の現在人称変化（1）　§2 不定詞と定動詞　§3 口調上注意すべき動詞の変化
　　§4 定動詞の位置（1）— 主文　§5 sein と haben の現在人称変化
　　補足：-eln で終わる動詞　補足：よく用いられる疑問詞

第 2 課 名詞の性・複数形・格 …………………………………………………………………… 10
　　§6 名詞の性　§7 名詞の複数形　§8 定冠詞・不定冠詞と名詞の格変化
　　補足：定冠詞と不定冠詞

第 3 課 動詞の現在人称変化（2）・前置詞の格支配（1） ……………………………………… 14
　　§9 動詞の現在人称変化（2）— 幹母音が変わる動詞　§10 前置詞の格支配（1）
　　補足：男性弱変化名詞

第 4 課 定冠詞類の格変化・前置詞の格支配（2） ……………………………………………… 18
　　§11 定冠詞類（dieser 型）の格変化　§12 前置詞の格支配（2）— 3・4 格支配の前置詞　§13 動詞の前置詞支配　補足：並列接続詞

第 5 課 不定冠詞類の格変化・分離動詞・非分離動詞 ………………………………………… 22
　　§14 不定冠詞類（mein 型）の格変化　§15 分離動詞　§16 非分離動詞
　　§17 非人称主語 es・非人称動詞

第 6 課 人称代名詞・命令形 ……………………………………………………………………… 26
　　§18 人称代名詞の格変化　§19 人称代名詞と前置詞の結合形
　　§20 動詞の命令形と命令文

第 7 課 話法の助動詞・未来形 …………………………………………………………………… 30
　　§21 話法の助動詞の現在人称変化　§22 話法の助動詞の主な意味
　　§23 助動詞構文　§24 werden＋不定詞　補足：lassen の用法

第 8 課 再帰代名詞・再帰動詞・副文 …………………………………………………………… 34
　　§25 再帰代名詞　§26 再帰動詞　§27 定動詞の位置（2）— 副文　§28 間接疑問文
　　補足：主な従属接続詞

第 9 課　形容詞の格変化 ……………………………………………………………………… 38
§29 形容詞の用法　　§30 形容詞の格変化　　§31 形容詞の副詞的用法
補足：注意すべき格語尾

第 10 課　zu 不定詞・zu 不定詞句・形容詞の名詞化 ………………………………… 42
§32 zu 不定詞・zu 不定詞句の作り方　　§33 zu 不定詞・zu 不定詞句の用法
§34 形容詞の名詞化　　補足：haben＋zu 不定詞

第 11 課　動詞の３基本形と過去形 ………………………………………………………… 46
§35 動詞の３基本形　　§36 過去人称変化

第 12 課　完了形 ……………………………………………………………………………… 50
§37 現在完了形　　§38 haben 支配と sein 支配　　§39 過去完了形
§40 完了不定詞　　補足：未来完了形

第 13 課　比較 ………………………………………………………………………………… 54
§41 形容詞の比較変化　　§42 付加語的用法　　§43 述語的用法
§44 副詞の比較変化　　補足：いろいろな比較表現

第 14 課　関係代名詞 ………………………………………………………………………… 58
§45 定関係代名詞 der　　§46 不定関係代名詞 wer と was　　§47 関係副詞
補足：指示代名詞 der

第 15 課　受動文 ……………………………………………………………………………… 62
§48 受動文　　§49 能動文と受動文　　§50 受動不定詞　　§51 状態受動
補足：自動詞の受動文　　補足：未来形の受動文・sein＋zu 不定詞

第 16 課　接続法 ― 非現実の表現 ………………………………………………………… 66
§52 接続法第２式の人称変化　　§53 非現実話法　　§54 外交的接続法

ステップアップのための補足 ………………………………………………………………… 70
Ⅰ 語句の配列　　Ⅱ 指示代名詞・不定代名詞など　　Ⅲ 現在分詞と過去分詞の用法
Ⅳ 接続法第１式と間接話法・要求話法

付録　数詞（基数・序数・分数・時刻の表し方）／おもな不規則動詞の変化表

Das Alphabet

A	a	𝒜 𝒶	[á:アー]	P	p	𝒫 𝓅	[pé:ペー]
B	b	ℬ 𝒷	[bé:ベー]	Q	q	𝒬 𝓆	[kú:クー]
C	c	𝒞 𝒸	[tsé:ツェー]	R	r	ℛ 𝓇	[ɛr エル]
D	d	𝒟 𝒹	[dé:デー]	S	s	𝒮 𝓈	[ɛs エス]
E	e	ℰ ℯ	[é:エー]	T	t	𝒯 𝓉	[té:テー]
F	f	ℱ 𝒻	[ɛf エふ]	U	u	𝒰 𝓊	[ú:ウー]
G	g	𝒢 𝑔	[gé:ゲー]	V	v	𝒱 𝓋	[fáʊ ふァオ]
H	h	ℋ 𝒽	[há:ハー]	W	w	𝒲 𝓌	[vé:ヴェー]
I	i	ℐ 𝒾	[í:イー]	X	x	𝒳 𝓍	[íks イクス]
J	j	𝒥 𝒿	[jɔ́t ヨット]	Y	y	𝒴 𝓎	[ýpsilɔn ユプスィろン]
K	k	𝒦 𝓀	[ká:カー]	Z	z	𝒵 𝓏	[tsét ツェット]
L	l	ℒ 𝓁	[ɛl エる]	Ä	ä	𝒜̈ 𝒶̈	[ɛ́:エー]
M	m	ℳ 𝓂	[ɛm エム]	Ö	ö	𝒪̈ 𝑜̈	[ǿ:エー]
N	n	𝒩 𝓃	[ɛn エン]	Ü	ü	𝒰̈ 𝓊̈	[ý:ユー]
O	o	𝒪 𝑜	[ó:オー]		ß	𝜷	[ɛs-tsét エス・ツェット]

つづりの読み方

1. だいたいローマ字のように読む．
   finden 見つける　　**a**lle すべての
2. アクセントは原則として第 1 音節にある．
   Onkel おじ　　**Tan**te おば
3. アクセントのある母音は原則として
   1) 1 個の子音字の前では長音．　　g**u**t 良い　　Bl**u**me 花
   2) 2 個以上の子音字の前では短音．　**a**lt 年とった　　B**e**tt ベッド
4. aa, ee, oo と，無音の h の前の母音はつねに長い．
   H**aa**r 髪　　T**ee** 紅茶　　Z**oo** 動物園
   f**a**hren 行く　　g**e**hen 行く　　**o**hne …なしに

1. 母音字

a	[aː]	d**a**	そこに	N**a**me	名前
	[a]	**a**rm	貧しい	d**a**nken	感謝する
e	[eː]	g**e**ben	与える	W**e**g	道
	[ɛ]	d**e**nken	考える	G**e**ld	お金
	[ə]	hab**e**n	持っている	Lamp**e**	照明
i	[iː]	K**i**no	映画館	Berl**i**n	ベルリン
	[ɪ]	F**i**lm	映画	Br**i**lle	めがね
o	[oː]	F**o**to	写真	l**o**ben	ほめる
	[ɔ]	B**o**mbe	爆弾	M**o**rgen	朝
u	[uː]	Bl**u**me	花	H**u**t	帽子
	[ʊ]	M**u**tter	母	L**u**st	やる気

2. 変母音（ウムラウト）

ä	[ɛː]	erkl**ä**ren	説明する	Universit**ä**t	大学
	[ɛ]	**ä**ndern	変える	**Ä**rztin	女医
ö	[øː]	h**ö**ren	聞く	**Ö**sterreich	オーストリア
	[œ]	**ö**ffnen	開ける	k**ö**nnen	できる

ü	[yː]	Prüfung	試験	früh	早い
	[ʏ]	Mütter	母（複数形）	Brücke	橋

3. 母音字の組み合わせ

au	[aʊ]	Auge	目	Baum	木
ai, ay	[aɪ]	Mai	5月	Bayern	バイエルン
ei, ey	[aɪ]	Arbeit	仕事	Meyer	マイアー（人名）
eu	[ɔʏ]	Leute	人々	heute	今日
äu	[ɔʏ]	Gebäude	建物	Geräusch	物音
ie	[iː]	lieben	愛する	tief	深い

4. r の母音化

語末の -r		Motor	エンジン	nur	ただ…だけ
語末の -er		Bruder	兄弟	Mutter	母

5. 注意すべき子音字の発音

語末，音節末の **b** [p]，**d** [t]，**g** [k]

	[p]	Laub	葉	halb	半分
	[t]	Freund	友	Geld	お金
	[k]	Tag	日	Ausflug	遠足
語末の -ig	[ɪç]	zwanzig	20	ruhig	静かな
j	[j]	Japan	日本	jeder	各々の
母音の前の s	[z]	sagen	言う	Sohn	息子
v	[f]	Vater	父	Volk	民族
w	[v]	Wein	ワイン	Winter	冬
x	[ks]	Examen	試験	Taxi	タクシー
z	[ts]	Zeit	時間	Zug	列車

a, o, u, au の後の **ch** [x]

machen	する	Nacht	夜
Woche	週	Tochter	娘
Buch	本	suchen	探す
auch	…もまた	brauchen	必要とする

a, o, u, au の後以外の **ch** [ç]					
		i**ch**	私は	re**ch**t	右の
		Kü**ch**e	台所	Mil**ch**	牛乳
		Chinesisch	中国語	man**ch**mal	時として
chs	[ks]	se**chs**	6	we**chs**eln	替える
ds, ts, tz	[ts]	aben**ds**	夕方に	nich**ts**	何も…ない
		je**tz**t	今	si**tz**en	座っている
dt	[t]	Sta**dt**	都市	verwan**dt**	親類の
ng	[ŋ]	Wohnu**ng**	住居	A**ng**st	不安
pf	[pf]	**Pf**licht	義務	A**pf**el	りんご
qu	[kv]	**Qu**elle	泉	be**qu**em	快適な
ss, ß	[s]	e**ss**en	食べる	Wa**ss**er	水
		Fu**ß**	足	gro**ß**	大きい
sch	[ʃ]	**Sch**nee	雪	**Sch**ule	学校
語頭，音節のはじめの **sp** [ʃp]，**st** [ʃt]					
	[ʃp]	**Sp**iegel	鏡	ver**sp**rechen	約束する
	[ʃt]	**St**raße	道路	Blei**st**ift	鉛筆
tsch	[tʃ]	Deu**tsch**	ドイツ語	zwi**tsch**ern	さえずる

6. その他注意すべき外来語の読み方

ie	[iə]	Famil**ie**	家族	Fer**ie**n	休暇
y = ü	[yː/ʏ]	T**y**p	タイプ	S**y**mphonie	交響曲
c	[k]	**C**afé	喫茶店	**C**omputer	コンピューター
ch	[k]	**Ch**arakter	性格	**Ch**or	合唱団
	[ʃ]	**Ch**ance	チャンス	**Ch**ef	チーフ
g	[ʒ]	**G**enie	天才	In**g**enieur	技師
ph	[f]	**Ph**iloso**ph**ie	哲学	Sym**ph**onie	交響曲
th	[t]	**Th**eater	劇場	**Th**eorie	理論
ti	[tsi]	Pa**ti**ent	患者	Opera**ti**on	手術
v	[v]	**V**ase	花びん	Uni**v**ersität	大学

➤ 外来語のアクセントは，最後の音節か最後から2番目の音節にあることが多い．

発音練習

1) 季節・月名・曜日

| Frühling | 春 | Sommer | 夏 | Herbst | 秋 | Winter | 冬 |

Januar	1月	Februar	2月	März	3月
April	4月	Mai	5月	Juni	6月
Juli	7月	August	8月	September	9月
Oktober	10月	November	11月	Dezember	12月

Sonntag	日曜日	Montag	月曜日	Dienstag	火曜日
Mittwoch	水曜日	Donnerstag	木曜日	Freitag	金曜日
Samstag（Sonnabend）	土曜日

2) あいさつ

Guten Morgen!	おはよう.	Guten Tag!	こんにちは.
Guten Abend!	こんばんは.	Gute Nacht!	おやすみ.
Hallo!	やあ.		
Auf Wiedersehen!	さようなら.	Tschüs! / Tschüss!	じゃあね.
Bis morgen!	また明日.	Bis nächste Woche!	また来週.

Schönes Wochenende!　良い週末を！
　— Danke, gleichfalls!　ありがとう，あなたもね．（＜同様に）

Wie geht es Ihnen? / Wie geht es dir?　調子はいかがですか？
　— Danke, sehr gut. Und Ihnen? / Und dir?　ありがとう，とても良いです．あなたは？

Danke schön!	どうもありがとう.	Bitte sehr!	どういたしまして.
Entschuldigung!	ごめんなさい.	Es tut mir leid.	ごめんなさい.
Toi, toi, toi!	がんばってね.		
Prost!	かんぱ〜い！	Zum Wohl!	かんぱ〜い！

第 1 課　動詞の現在人称変化（1）・定動詞の位置（1）

> Ich trinke gern Bier.　　　　私はビールを飲むのが好きだ．
> Was trinkst du gern?　　　　あなたは何を飲むのが好きなの？

§1　動詞の現在人称変化（1）

◆ ドイツ語の動詞は原則として**語幹**と**語尾**からなる．

◆ 動詞の現在形は，語幹に現在人称語尾をつけて作る．

◆ 現在人称語尾は主語の**人称**と**数**によって異なる．

trinken の現在人称変化

		単数	複数
1人称		ich trink**e**	wir trink**en**
2人称	親称	du trink**st**	ihr trink**t**
	敬称	Sie trink**en**	
3人称	男性	er	
	中性	es trink**t**	sie trink**en**
	女性	sie	

◆ **親称**（du, ihr）は，家族，親類，友達，学生同士などのような親しい間柄や，子供に対して用いる．

◆ **敬称**（Sie）は，それ以外の，特に親しくはない間柄で用いる．敬称の Sie は 3 人称複数を転用したもの．動詞の語尾も 3 人称複数と同じで，単複同形になる．

§2　不定詞と定動詞

◆ 辞書などの見出し語には**不定詞**（＝**不定形の動詞**）が用いられている．

◆ 不定詞は語幹に -en という語尾をつけた形である．
　　trinken（不定詞）＝trink（語幹）＋en（不定詞の語尾）

◆ 不定詞が -en ではなく -n で終わる動詞もある．そのような動詞は，人称語尾も -en ではなく -n となる．
　　tun する ⇒　wir tun（1人称複数）　Sie tun（2人称敬称）　sie tun（3人称複数）

◆ 不定詞に対して，動詞が人称変化したものを**定動詞**（＝定形の動詞）と言う．

練習　次の動詞を現在人称変化させなさい．
　　gehen 行く　kommen 来る　lachen 笑う　spielen 遊ぶ　wohnen 住む
　　wandern ハイキングする

§3　口調上注意すべき動詞の変化

◆ 語幹が -d や -t などに終わる動詞は，語尾 -st と -t の前に e を入れる．
　　warten 待つ ⇒ du wartest　er wartet　ihr wartet

◆ 語幹が -s や -ß などで終わる動詞は，主語が du のときの語尾が -t になる．
　　heißen …という名前だ ⇒ du heißt（× du heißst　× du heißest）

> 補足：**-eln** で終わる動詞
>
> 主語が ich のとき，語幹の e が脱落することが多い．
> 　lächeln ほほえむ → ich lächle（＜ lächele）

練習　次の動詞を現在人称変化させなさい．
　　arbeiten 働く　baden 入浴する　reisen 旅行する　zeichnen スケッチする

§4　定動詞の位置（1）— 主文

◆ 平叙文では定動詞は文頭から2番目に置かれる．主語が文頭にあるとは限らない．
　　Wir **trinken** heute Wein.　私たちは今日ワインを飲む．
　　Heute **trinken** wir Wein.　今日私たちはワインを飲む．
　　Wein **trinken** wir heute.　ワインを私たちは今日飲む．

◆ 疑問詞で始まる疑問文でも定動詞が文頭から 2 番目に置かれる．
　　Wann trinken wir Wein?　　いつ私たちはワインを飲むの？

◆ 疑問詞のない疑問文は定動詞を文頭に置いて作る．
　　Trinken wir heute Wein?　　私たちは今日ワインを飲むの？

▶ 疑問詞のない疑問文を**決定疑問文**，疑問詞のある疑問文を**補足疑問文**と言う．

§5　sein と haben の現在人称変化

Ich bin müde. Ich habe Kopfschmerzen.　　私はだるい．頭痛がする．

sein の現在人称変化

ich	**bin**	wir	**sind**
du	**bist**	ihr	**seid**
er	**ist**	sie	**sind**

haben の現在人称変化

ich	habe	wir	haben
du	**hast**	ihr	habt
er	**hat**	sie	haben

※これ以降の動詞変化表では，3 人称単数中性の es，3 人称単数女性の sie，2 人称敬称の Sie は省略する．

練習　次の例文の主語を du, wir, ihr, Peter, Maria, Peter und Maria に入れ換えて口頭で練習しなさい．

Ich bin arm. Aber ich habe viel Zeit.　　私は貧乏だ．でもたくさん時間がある．

補足：よく用いられる疑問詞

wer	誰	Wer sind Sie denn?
was	何	Was machen Sie heute?
wann	いつ	Wann lernen Sie Deutsch?
wo	どこに	Wo wohnen Sie denn?
woher	どこから	Woher kommen Sie?
wohin	どこへ	Wohin gehen Sie jetzt?
wie	どのように	Wie lernen Sie Deutsch?
warum	なぜ	Warum lernen Sie Deutsch?

練習問題

I. (　) 内の不定詞を現在人称変化させ，全文を和訳しなさい．

電車の中で

1) Wohin (fahren) Sie? — Ich (fahren) nach Stuttgart.

2) (arbeiten) Sie in Stuttgart? — Nein, ich (sein) Studentin.

3) Was (studieren) Sie denn? — Ich (studieren) Musik.

キャンパスで (1)

4) (hören) du gern Musik? — Ja, ich (hören) gern Beethoven.

5) (spielen) du Klavier? — Nein, aber ich (spielen) Geige.

6) (haben) du heute Abend Zeit? — Ja, ich (haben) Zeit. Warum?

キャンパスで (2)

7) (haben) ihr heute Zeit? — Ja, wir (haben) heute Zeit. Warum?

8) (lernen) wir zusammen Deutsch? — Nein, wir (gehen) heute Bier trinken.

ルーカスの紹介

9) Lukas (kommen) aus Stuttgart. Aber jetzt (wohnen) er in München. Er (sein) Student. Er (studieren) Biologie. Er (haben) heute Zeit.

II. ドイツ語で作文しなさい．（与えられた語を使い，足りない語は補うこと．）

1) [あなたたちは] 今日は何をするの？ — [私たちは] ドイツ語を勉強します．
   Deutsch　heute　lernen　machen　was

2) ゾフィーは何を飲むのが好きなの？ — ビールが好きだよ．
   Bier　Sophie　trinken　was

3) 僕はルーカス．[君は] 何ていう名前？
   heißen　wie

4) ゾフィーは画家だ．スケッチが上手だ．
   gut　Malerin　zeichnen

5) [私は] 今日は英語を勉強する．ドイツ語は明日勉強する．
   Deutsch　Englisch　heute　lernen　morgen

第 2 課　名詞の性・複数形・格

> Der Vater trinkt gern Bier.　　お父さんはビールを飲むのが好きだ．
> Die Mutter trinkt gern Wein.　　お母さんはワインを飲むのが好きだ．
> Und das Kind trinkt gern Apfelsaft.　そして子供はりんごジュースを飲むのが好きだ．

§6　名詞の性

◆ ドイツ語の名詞は**男性名詞**，**中性名詞**，**女性名詞**に分かれている．

男性名詞：Vater 父　　Sohn 息子　　Schlüssel 鍵　　Tisch テーブル　…
中性名詞：Kind 子供　Mädchen 少女　Handy 携帯電話　Buch 本　…
女性名詞：Mutter 母　Tochter 娘　　Zeitung 新聞　　Brille めがね　…

▶ 人や生き物だけでなく，モノやコトを表す名詞も男性，中性，女性に分かれている．
▶ 名詞はつねに頭文字を大文字で書く．

◆ 名詞の性に応じて，前につく冠詞の語尾や，代名詞の形が異なる．

		定冠詞	不定冠詞	人称代名詞
Vater	（男性名詞）⇒	der Vater	ein Vater	er
Kind	（中性名詞）⇒	das Kind	ein Kind	es
Mutter	（女性名詞）⇒	die Mutter	eine Mutter	sie

練習　例にならって口頭で練習しなさい．

例：（Schlüssel）→ Wo ist der Schlüssel? — Der Schlüssel? Er ist hier.
Buch　Zeitung　Tisch　Handy　Brille　Fußball

練習　例にならって口頭で練習しなさい．

例：（Buch）→ Was ist das? — Das ist ein Buch.
Uhr　Wörterbuch　Rucksack　Tasche　Taschentuch　Lampe　Fernseher

§7 名詞の複数形

◆ 名詞の複数形は，単数形に次の表のような語尾をつけて作る．

無語尾型	単数	Lehrer 教師	Vater 父	Mutter 母	…
	複数　無語尾	Lehrer	V**ä**ter	M**ü**tter	
E 型	単数	Tag 日	Tisch 机	Sohn 息子	…
	複数　—e	Tag**e**	Tisch**e**	S**ö**hn**e**	
ER 型	単数	Kind 子供	Buch 本	Mann 男・夫	…
	複数　—er	Kind**er**	B**ü**ch**er**	M**ä**nn**er**	
N 型	単数	Brille めがね	Blume 花	Frau 女・妻	…
	複数　—[e]n	Brille**n**	Blume**n**	Frau**en**	
S 型	単数	Auto 自動車	Hotel ホテル	Handy 携帯電話	…
	複数　—s	Auto**s**	Hotel**s**	Handy**s**	

  ➤ 無語尾型，E 型には母音が変音するものがある：Vater — Väter　Sohn — Söhne
  ➤ ER 型は，a, o, u があれば全て変音する：Buch — Bücher　Mann — Männer

◆ どの性の名詞でも複数形になると，定冠詞は die，人称代名詞は sie になる．

		定冠詞	人称代名詞
Väter	（男性名詞複数形）⇒	die Väter	sie
Kinder	（中性名詞複数形）⇒	die Kinder	sie
Mütter	（女性名詞複数形）⇒	die Mütter	sie

§8 定冠詞・不定冠詞と名詞の格変化

◆ ドイツ語の名詞には 1 格，2 格，3 格，4 格という 4 つの格がある．

◆ 1 格は「が」，2 格は「の」，3 格は「に」，4 格は「を」に対応することが多い．

Der Vater trinkt Bier.　　　　　　お父さんがビールを飲む．（1 格）
Das ist das Glas **des Vaters**.　　　これはお父さんのグラスだ．（2 格）
Die Mutter bringt **dem Vater** Bier.　お母さんがお父さんにビールを持ってくる．（3 格）
Die Mutter liebt **den Vater**.　　　お母さんはお父さんを愛している．（4 格）
  ➤ 2 格は後ろから前の名詞に掛かる．

◆ 格は，主に冠詞などの格語尾によって示される．

定冠詞と名詞の格変化

	男性単数	中性単数	女性単数	複数
1格	**der** Vater	**das** Kind	**die** Mutter	**die** Kinder
2格	**des** Vater**s**	**des** Kind[e]**s**	**der** Mutter	**der** Kinder
3格	**dem** Vater	**dem** Kind	**der** Mutter	**den** Kinder**n**
4格	**den** Vater	**das** Kind	**die** Mutter	**die** Kinder

不定冠詞と名詞の格変化

	男性単数	中性単数	女性単数	複数（無冠詞）
1格	**ein**△ Vater	**ein**△ Kind	**eine** Mutter	Kinder
2格	**eines** Vater**s**	**eines** Kind[e]**s**	**einer** Mutter	Kinder
3格	**einem** Vater	**einem** Kind	**einer** Mutter	Kinder**n**
4格	**einen** Vater	**ein**△ Kind	**eine** Mutter	Kinder

※ 不定冠詞には複数形がない．

➤ 名詞自体の変化は，男性名詞と中性名詞の単数2格で -s または -es，すべての性の複数3格で -n という語尾がつくだけ．（ただし，複数1格が -n で終わるものと S 型には複数3格の -n をつけない）

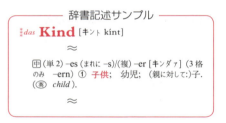

【練習】定冠詞（単数形と複数形）をつけて格変化させなさい．次に，不定冠詞（単数形のみ）をつけて格変化させなさい．

Sohn　Tochter　Mädchen　Tisch　Blume　Buch

------- 補足：定冠詞と不定冠詞 -------

「どの」が聞き手にわかっているときは定冠詞，「どの」が聞き手にわかっていないときは不定冠詞を使うのが原則．

「家に犬がいるんだ．」（どの犬？）→ Wir haben einen Hund.
「テレビが壊れているんだ．」（ああ，あのテレビか）→ Der Fernseher ist kaputt.

練習問題

I. 下線部に適切な綴りを補って，和訳しなさい．（綴りを補う必要がないところもある．）

1) D___ Junge weint. D___ Mädchen lacht. D___ Mutter singt. Und d___ Vater kocht.

2) Die Mutter schenkt d___ Sohn ein___ Gitarre. D___ Sohn dankt d___ Mutter.

3) Der Vater erzählt d___ Kindern ein___ Märchen. D___ Märchen ist sehr spannend.

4) Der Mann schenkt d___ Frau ein___ Rose. Sie findet d___ Rose sehr schön.

5) Kennen Sie d___ Vater d___ Mädchens? — Nein, aber ich kenne d___ Mutter d___ Mädchens.

II. 下線部を複数形にして文を書き換え，和訳しなさい．

1) Der Kellner bringt dem Gast die Speisekarte.

2) Die Lehrerin erklärt dem Schüler die Aufgabe.

3) Der Vater erzählt der Tochter ein Märchen.

4) Wir haben einen Hund und eine Katze.

III. ドイツ語で作文しなさい．（与えられた語を使い，足りない語は補うこと．）

1) その男子生徒の母は教員だ．そしてその女子生徒の父も教員だ．
   auch Lehrer Lehrerin Schüler Schülerin

2) 祖父は孫娘に米を送る．そして孫娘は祖父にEメールを書く．
   E-Mail Enkelin Großvater Reis schicken schreiben

3) 生徒たちはその先生（女性）に花を贈る．
   Blume schenken

4) ごきょうだいはいらっしゃいますか？ — はい，兄が1人，姉が2人います．
   Bruder Geschwister Schwester

5) その教授（男性）は家を2軒と車を3台持っている．
   Auto besitzen Haus Professor

第3課　動詞の現在人称変化（2）・前置詞の格支配（1）

> Herr Kuroda fährt nach Wien. 　黒田さんはウィーンに行く．
> Er spricht sehr gut Deutsch. 　彼はとても上手にドイツ語を話す．

§9 動詞の現在人称変化（2）— 幹母音が変わる動詞

◆ 現在人称変化の際に，2人称（親称）単数と3人称単数で幹母音（＝語幹の母音）が変わる動詞がある．

[a → ä タイプ]

waschen　洗う

ich	wasche	wir	waschen
du	wäschst	ihr	wascht
er	wäscht	sie	waschen

fahren　(乗り物で)行く

ich	fahre	wir	fahren
du	fährst	ihr	fahrt
er	fährt	sie	fahren

Ich wasche die Vorhänge. Du wäschst das Auto.
　私はカーテンを洗う．あなたは車を洗う．

[e → i/ie タイプ]

sprechen　話す

ich	spreche	wir	sprechen
du	sprichst	ihr	sprecht
er	spricht	sie	sprechen

sehen　見る

ich	sehe	wir	sehen
du	siehst	ihr	seht
er	sieht	sie	sehen

Ich sehe dort ein Kind. Siehst du das Kind auch?
　あそこに子供が見える．あなたもその子が見える？

werden　…になる

ich	werde	wir	werden
du	**wirst**	ihr	werdet
er	**wird**	sie	werden

Ich werde Journalistin. Was wirst du denn?
　私はジャーナリストになる．あなたは何になる？

練習 空所に適切な形を入れなさい．

_____	眠る	ich schlafe	du schläfst	er _____
schlagen	打つ	ich _____	du _____	er schlägt
_____	落ちる	ich falle	du _____	er _____
fangen	つかまえる	ich _____	du _____	er _____
_____	保つ	ich _____	du hältst	er hält
_____	駆ける	ich _____	du _____	er läuft
_____	折る	ich _____	du brichst	er _____
_____	助ける	ich helfe	du _____	er _____
treffen	会う	ich _____	du _____	er _____
_____	投げる	ich _____	du _____	er wirft
_____	食べる	ich esse	du isst	er _____
_____	取る	ich nehme	du nimmst	er _____
_____	与える	ich _____	du gibst	er _____
empfehlen	勧める	ich _____	du _____	er _____
_____	読む	ich _____	du liest	er liest
_____	盗む	ich _____	du stiehlst	er _____

§10 前置詞の格支配（1）

◆ 前置詞と結びつく名詞や代名詞が何格になるかは，前置詞ごとに決まっている．これを前置詞の格支配と言う．

> **2格支配の前置詞（主なもの）: statt trotz während wegen**

Herr Meyer nimmt **statt** eines Taxis den Bus.　マイアーさんはタクシー（　　　）バスを使う．
Wir machen **trotz** des Regens einen Spaziergang.　雨（　　　）私たちは散歩をする．
Während des Unterrichts schläft Tomo immer.　授業（　　　）トモはいつも寝ている．
Kazu kommt **wegen** der Erkältung nicht.　カズは風邪（　　　）来ない．

> **3格支配の前置詞: aus von mit nach zu bei gegenüber seit**

Klaus kommt **aus** der Wohnung.
　クラウスは住居（　　　）出てくる．（＜住居の中から）
Er fährt **vom** Bahnhof **mit** dem Bus **zur** Uni.
　彼は駅（　　　）バス（　　　）大学（　　　）行く．

Anna wohnt noch **bei** den Eltern.　アンナはまだ両親（　　　）住んでいる．
Die Eltern wohnen **gegenüber** einem Supermarkt.　両親はスーパー（　　　）住んでいる．
Anna fährt **zu** einer Freundin **nach** Bonn.　アンナはボンの友達（　　　）行く．
Seit dem Unfall fährt Jonas nicht mehr Auto.
　事故（　　　）ヨーナスはもう車を運転していない．
Nach der Arbeit spielt er **mit** Freunden Fußball.
　仕事（　　　）彼は友達（　　　）サッカーをする．

> **4格支配の前置詞：durch um entlang für gegen ohne bis**

Die Großmutter spart Geld **für** Hanna.　おばあちゃんはハンナ（　　　）貯金している．
Hanna geht **durch** den Wald zur Großmutter.　ハンナは森（　　　）おばあちゃんの家に行く．
Sie läuft den Bach **entlang** und rennt plötzlich **gegen** einen Baum.
　彼女は小川（　　　）歩いて行き，突然木にぶつかる．
Der Wolf läuft **um** das Haus der Großmutter herum.
　狼はおばあさんの家（　　　）歩きまわっている．
Hanna kommt **ohne** Geld nach Hause.　ハンナはお金（　　　）家に帰る．
Bis Samstag bleibt sie zu Hause und dann…　土曜日（　　　）彼女は家にいる，そして…

◆ 前置詞と定冠詞の融合形（1）：
　いくつかの前置詞は定冠詞と融合した形で用いられることがある．
　beim（< bei dem）　vom（< von dem）　zum（< zu dem）　zur（< zu der）
　durchs（< durch das）　fürs（< für das）　ums（< um das）

.... 補足：男性弱変化名詞 ....

単数1格以外のすべてに -en または -n という語尾がつく男性名詞．

der Student　大学生

	単数	複数
1格	der Student	die Studenten
2格	des Studenten	der Studenten
3格	dem Studenten	den Studenten
4格	den Studenten	die Studenten

類例（辞書で意味と変化形を確認しなさい）
Bär　Junge　Mensch　Patient　Polizist

練習問題

I. 最適な前置詞を一つ選び，文を和訳しなさい．

1) Alex geht (mit / nach / zum) Bahnhof.
2) Johanna nimmt eine Schachtel (aus / mit / von) der Tasche.
3) Alex bekommt (aus / bei / von) der Freundin ein Geschenk.
4) Johanna arbeitet (bei / mit / zu) der Post.
5) Heute fährt sie (bei / mit / nach) dem Bus zur Arbeit.
6) Der Bus fährt (durch / gegen / um) den Tunnel.
7) (Nach / Seit / Während) der Arbeit trifft sie Freunde und trinkt Wein.
8) Johanna ist (bei / seit / vor) drei Tagen krank.
9) Ich lerne heute Abend (entlang / für / gegen) die Prüfung.
10) Ich trinke Kaffee (gegen / ohne / um) Zucker.
11) Die Prüfung beginnt morgen (bis / durch / um) neun Uhr.
12) Der Lehrer spricht (statt / wegen / während) der Prüfung nur Deutsch.
13) (Durch / Entlang / Um) das Haus herum liegt viel Schnee.
14) (Statt / Trotz / Wegen) des Schnees fahren die Busse nicht.
15) Frau Mustermann fliegt heute (gegenüber / nach / zu) Sapporo.

II. ドイツ語で作文しなさい．（与えられた語を使い，足りない語は補うこと．）

1) シュミットさん（女性）は中国語を話す．そして君は（親称）フランス語を話す．
   Chinesisch Französisch Schmidt sprechen und

2) りんごが木から落ちる．ニュートンさん（男性）はそのりんごを食べる．
   Apfel Baum fallen Newton

3) トーマスは飲みすぎだ．[彼は]病気になるよ．
   krank Thomas trinken viel werden zu

4) 今何を読んでいるの（親称）？ — ゲーテのファウストを読んでいるんだ．
   Faust gerade Goethe lesen was

5) クラウスは毎日10時間眠るけど，私は5時間しか眠らない．
   aber Klaus nur schlafen Stunden täglich

第4課　定冠詞類の格変化・前置詞の格支配 (2)

| Welchen Zug nehmen wir? | どの列車に乗るの？ |
| Wir nehmen diesen Zug. | この列車に乗るよ． |

§11 定冠詞類 (**dieser** 型) の格変化

◆ dieser この，jener あの，welcher どの，aller すべての，jeder 各々の　などは，定冠詞とほぼ同じ格変化をする．

dieser の格変化

	男性単数	中性単数	女性単数	複数
1格	dieser	dieses	diese	diese
2格	dieses	dieses	dieser	dieser
3格	diesem	diesem	dieser	diesen
4格	diesen	dieses	diese	diese

練習　格変化させなさい．

welcher Bus　どのバス？　　jedes Kind　どの子も　　alle Bücher　すべての本
jene Zeit　あの時代　　dieser Student　この大学生

練習　格語尾を入れなさい．

1) Sophie liest jed___ Buch von dies___ Schriftstellerin.
　　ゾフィーはこの作家の本ならどれでも読む．
2) Seit einer Woche lese ich auch dies___ Roman.
　　一週間前から僕もこの小説を読んでいる．
3) All___ Studenten bekommen einen Preis.
　　学生全員が賞をもらう．
4) Mit welch___ Bus fahren sie nach Hause?
　　彼らはどのバスで家に帰るんですか？

§12 前置詞の格支配（2）— 3・4 格支配の前置詞

an（接触・近接）	**auf**（上）	**hinter**（後ろ）
in（中）	**neben**（横・隣）	**über**（上方・向う側）
unter（下）	**vor**（前）	**zwischen**（間）

◆ これら 9 つの前置詞は，場所や位置を表すときは 3 格支配，移動の方向を表すときは 4 格支配になる．

Ich hänge die Uhr **an** die Wand.
　　私は時計を壁に掛ける．　　　　（die Wand は 4 格 → 掛けるという動きの「方向」）
Die Uhr hängt **an** der Wand.
　　時計は壁に掛かっている．　　　（der Wand は 3 格 → 掛かっている「場所」）
Ich stelle den PC **auf** den Schreibtisch.
　　私はパソコンを机の上に置く．　（den Schreibtisch は 4 格 → 置くという動きの「方向」）
Der PC steht **auf** dem Schreibtisch.
　　パソコンは机の上に置いてある．（dem Schreibtisch は 3 格 → 置いてある「場所」）
Wir stellen den Kühlschrank **in** die Küche.
　　私たちは冷蔵庫を台所に置く．　（die Küche は 4 格 → 置くという動きの「方向」）
Der Kühlschrank steht **in** der Küche.
　　冷蔵庫は台所に置いてある．　　（der Küche は 3 格 → 置いてある「場所」）

【練習】下線部に適切な綴りを補いなさい．

1) Ich stelle den Drucker **hinter** d___ PC.　私はプリンターをパソコンの後ろに置く．
2) Der Fußball liegt **unter** d___ Tisch.　サッカーボールは机の下にある．
3) Ich stelle den Drucker **neben** d___ PC.　私はプリンターをパソコンの横に置く．
4) Du sitzt immer **vor** d___ Fernseher.　君はいつもテレビの前に座っている．
5) Ich hänge die Uhr **über** d___ Schreibtisch.　私は時計を机の上（の壁）に掛ける．
6) **Zwischen** d___ Tisch und d___ Bett steht ein Stuhl.　机とベッドの間に椅子が置いてある．

▶ 運動でも一定の空間内に留まるときは，場所と見なすので 3 格支配になる．
　Die Kinder schwimmen **im** Schwimmbad.　子供たちはプールで泳ぐ．

◆ 前置詞と定冠詞の融合形 (2):
いくつかの前置詞は定冠詞と融合した形で用いられることがある．

Am Samstag gehen wir **ins** Kino.　土曜日に私たちは映画に行く．
am (< an dem)　ans (< an das)　aufs (< auf das)　im (< in dem)　ins (< in das)

§13　動詞の前置詞支配

◆ 習慣的に特定の前置詞と用いられる動詞がある．

　　　Wir **denken an** die Zukunft der Erde.　私たちは地球の未来のことを考える．
　　　Wir **warten auf** den Bus.　私たちはバスを待っている．
　　　Dieser Stuhl **besteht aus** Holz.　この椅子は木で出来ている．
　　　Ich **frage** eine Frau **nach** dem Weg zum Bahnhof.　私はある女の人に駅への道を尋ねる．
　　　Ich **bitte um** Verzeihung.　お赦しください（＜私は赦しを請う）．

　　▶ 辞書で動詞を調べるときは，このような前置詞との組み合せにも注意をすること．

補足：並列接続詞

und, aber, oder, denn, sondern などは文と文や句と句を対等の資格で結び付ける．

　　Zum Frühstück trinkt Lukas [Kaffee] und [Orangensaft].
　　　朝食にルーカスはコーヒーとオレンジジュースを飲む．
　　Zu Mittag trinkt er [Apfelschorle] oder [Mineralwasser].
　　　昼食に彼はアップルショーレ（リンゴジュースの炭酸割り）かミネラルウォーターを飲む．
　　[Zu Abend trinkt er Bier], aber [Sophie trinkt Wein].
　　　晩に彼はビールを飲む．だけどゾフィーはワインを飲む．
　　[Zu Abend isst Sophie nichts], denn [sie macht eine Diät].
　　　夕食にゾフィーは何も食べない．なぜならダイエットをしているからだ．
　　[Sie fährt nie mit dem Auto], sondern [sie geht immer zu Fuß].
　　　彼女は決して車には乗らず，いつも歩いて行く．

練習問題

I. 下線部に適切な語尾を補って，和訳しなさい．

1) All___ Kinder essen gern Süßigkeiten.

2) Ich schenke jed___ Kind eine Tafel Schokolade.

3) Welch___ Auto kaufen Sie? — Ich kaufe dies___ Mercedes.

4) In welch___ Vase stellen wir dies___ Blumenstrauß?

5) In welch___ Bett schlafen Sie? — Ich schlafe hier auf dies___ Matratze.

6) All___ Busse fahren über dies___ Brücke in die Innenstadt.

7) Hält dies___ Bus vor dem Hotel Kaiserhof?

8) Seit dies___ Unfall sitzt Thomas im Rollstuhl.

9) Jed___ Freitag kauft er dies___ Zeitschrift.

10) Er denkt noch immer an jen___ Zeit.

II. ドイツ語で作文しなさい．（与えられた語を使い，足りない語は補うこと．）

1) 全ての道はローマに通ず．
　　führen　nach　Rom　Weg

2) あの言い争い以来，もう［私は］トーマスと話していない．
　　mehr　mit　nicht　seit　sprechen　Streit

3) どの辞書にこの単語は載っているの？ — どの辞書にでも載っているよ．
　　in　stehen　Wort　Wörterbuch

4) 毎夏ゾフィーはこの別荘で過ごす．
　　Ferienhaus　Sommer　verbringen

5) 彼女はこのスポーツカーでそこへ行く．
　　dorthin　fahren　Sportwagen

第5課　不定冠詞類の格変化・分離動詞・非分離動詞

Ich stehe morgen um 5 Uhr auf.　　私は明日5時に起きます。
Ich besuche meine Eltern in Berlin.　　ベルリンの両親を訪ねるのです。

§14　不定冠詞類（**mein**型）の格変化

◆ mein（私の），dein（君の），kein（何も…ない）などは，不定冠詞と同じ格変化をする．

◆ 複数形の格変化は定冠詞類（dieser型）と同じになる．

mein の格変化

	男性	中性	女性	複数
1格	mein △	mein △	meine	meine
2格	meines	meines	meiner	meiner
3格	meinem	meinem	meiner	meinen
4格	meinen	mein △	meine	meine

所有冠詞

➤ unser と euer は格語尾をつけると，e が脱落することがある．
　　　unsere/unsre Universität（私たちの大学）
　　　euere/eure Universität（君たちの大学）

【練習】　格変化させなさい．

mein Bruder　兄弟　　　　deine Schwester　姉妹　　　　Ihr Kind　子供
unsere Eltern　両親（複数形のみ）　　keine Zeit　時間（単数形のみ）

練習 格語尾を入れなさい．（語尾が不要なところもある．）

1) Mein___ Vater streitet oft mit mein___ Mutter.　父はよく母と言い争いをする．
2) Studiert dein___ Schwester auch in Tokyo?　妹さんも東京で大学に通っているの？
3) Wie alt sind Ihr___ Kinder?　お子さんは何歳ですか？
4) Was schenkst du dein___ Vater zum Geburtstag?　お父さんの誕生日に何を贈る？
5) Wann fährt Thomas zu sein___ Eltern?　トーマスはいつ両親の所へ行くの？

§15　分離動詞

◆ auf|stehen（起きる）のように，前綴りが動詞本体から分離して文末に置かれる動詞がある．このような動詞を分離動詞と言う．

◆ 分離前綴りには ab, an, auf, aus, mit, nach, um, zu など，前置詞と同形のものが多い．

練習 辞書で分離動詞の意味を調べなさい．

1) Ich **mache** die Tür **auf**.　私はドアを＿＿＿＿＿＿＿＿＿
2) Meine Mutter **macht** die Tür **zu**.　母がドアを＿＿＿＿＿＿＿＿＿
3) Ich **nehme** meinen Regenschirm **mit**.　私は自分の傘を＿＿＿＿＿＿＿＿＿
4) Unser Zug **fährt** um 10 Uhr **ab**.　私たちの列車は 10 時に＿＿＿＿＿＿＿＿＿
5) Wir **steigen** in Frankfurt **um**.　私たちはフランクフルトで＿＿＿＿＿＿＿＿＿
6) **Kommt** unser Zug pünktlich **an**?　私たちの列車は時間通りに＿＿＿＿＿＿＿＿＿
7) Wir **steigen** in Heidelberg **aus**.　私たちはハイデルベルクで＿＿＿＿＿＿＿＿＿

▶ 分離動詞は主文の定動詞として用いられるとき，前綴りが文末に置かれる．
▶ 分離動詞は前綴りにアクセントを置いて読む．　áuf|stehen

§16　非分離動詞

◆ besuchen（訪問する）には be- という前綴りがついているが，この前綴りは分離しない．このような動詞を非分離動詞と言う．

◆ 主な非分離前綴りは be-, ge-, ent-, emp-, er-, ver-, zer-, miss- である．

練習 辞書で非分離動詞の意味を調べなさい．

1) Dieses Fahrrad **gehört** meiner Schwester.
   この自転車は私の姉 ＿＿＿＿＿＿＿＿＿
2) Diese Packung **enthält** einen Liter Milch.
   このパックは1リットルの牛乳 ＿＿＿＿＿＿＿＿＿
3) Wir **empfangen** die Gäste aus Deutschland.
   私たちはドイツから来た客 ＿＿＿＿＿＿＿＿＿
4) Die Studentin **erhält** einen Preis.　その女子学生はある賞 ＿＿＿＿＿＿＿＿＿
5) **Verstehst** du diesen Roman?　君はこの小説 ＿＿＿＿＿＿＿＿＿
6) Godzilla **zerstört** die Hauptstadt.　ゴジラが首都 ＿＿＿＿＿＿＿＿＿

▶ 非分離動詞は動詞本体にアクセントを置いて読む： besúchen

§17 非人称主語 es・非人称動詞

◆ 特定の対象を指し示すのではなく，形式的な主語として用いられる es を非人称主語 es と言う．

Wie spät ist es jetzt? — Es ist schon halb elf.　今，何時？ — もう10時半だよ．
Im Zimmer ist es warm, aber draußen ist es sehr kalt.　部屋の中は暖かいけれど外はとても寒い．

◆ 非人称の es を主語とし，3人称単数でのみ用いる動詞を非人称動詞と言う．

▪ 非人称動詞には自然現象などを表すものが多い．

Es regnet.　雨が降る．　　Es schneit.　雪が降る．　　Es donnert.　雷が鳴る．
Es blitzt.　稲光がする．　Es hagelt.　雹が降る．

▪ 他に非人称の es を主語とする熟語もある．

In Tokyo **gibt es** viele Universitäten.　東京にはたくさん大学がある．
Wie **geht es** Ihnen? — Danke, **es geht** mir sehr gut.
　調子はどうですか？ — ありがとう，とても良いです．

練習問題

I. 下線部に適切な語尾を補って，和訳しなさい．（語尾が不要なところもある．）

1) Hanna gibt ihr___ Sohn kein___ Taschengeld.

2) Karl erzählt sein___ Kindern ein___ Märchen.

3) Herr Schmidt schenkt sein___ Frau ein___ Blumenstrauß.

4) Wo liegt Ihr___ Universität? Ist sie weit von Ihr___ Wohnung?

5) Dies___ Computer gehört mein___ Bruder.

6) Welch___ Film gefällt dein___ Schwester? — Sie sieht kein___ Filme an.

II. 和訳しなさい．

1) Nimmt Klaus auch am Ausflug teil? — Ja, er kommt sicher mit.

2) Der Gast nimmt den Hut ab und zieht den Mantel aus.

3) Morgen findet eine Geburtstagsparty statt. Ich bringe eine Flasche Sekt mit.

4) Sophie unternimmt mit ihrem Freund eine Reise. Sie verbringen zwei Wochen in Griechenland.

III. ドイツ語で作文しなさい．（与えられた語を使い，足りない語は補うこと．）

1) ゾフィーは毎晩恋人に電話を掛ける．
    Abend anrufen Freund Sophie

2) うちの娘がベルリンに転居する．
    Berlin nach Tochter umziehen

3) ルーカスがうちの娘を迎えに来てくれる．
    abholen Lukas

4) 彼らの列車はまもなくベルリンに到着する．
    ankommen bald in Zug

5) 明日ルーカスはベルリンで自分の患者を診察する．
    morgen Patient untersuchen

第 6 課　人称代名詞・命令形

Sophie, gehst du mit mir ins Kino?　　ゾフィー，一緒に映画に行く？
— Ja, ich gehe mit dir ins Kino.　　　—うん，一緒に映画に行くよ．

§18　人称代名詞の格変化

		1人称	2人称		3人称		
単数	1格	ich	du	Sie	er	es	sie
	3格	mir	dir	Ihnen	ihm	ihm	ihr
	4格	mich	dich	Sie	ihn	es	sie
複数	1格	wir	ihr	Sie	sie		
	3格	uns	euch	Ihnen	ihnen		
	4格	uns	euch	Sie	sie		

▶人称代名詞の2格は日常のドイツ語ではあまり用いられないのでここでは省略した．

練習　それぞれの人称代名詞が誰のことなのかを言いなさい．

1) Lukas liebt Sophie, aber **sie** liebt **ihn** nicht.
   ルーカスはゾフィーを愛している．でも_____は_____を愛していない．
2) Lukas hilft Sophie, aber **sie** hilft **ihm** nicht.
   ルーカスはゾフィーを助ける．でも_____は_____を助けない．
3) Maria liebt Paul, aber **er** liebt **sie** nicht.
   マリアはパウルを愛している．でも_____は_____を愛していない．
4) Maria hilft Paul, aber **er** hilft **ihr** nicht.
   マリアはパウルを助ける．でも_____は_____を助けない．
5) Das Kind ist frech, aber seine Eltern lieben **es** sehr und helfen **ihm**.
   その子は生意気だ．でも両親は_____を愛していて_____を助ける．
6) Die Kinder sind frech, aber ihre Eltern lieben **sie** sehr und helfen **ihnen**.
   その子たちは生意気だ．でも両親は_____を愛していて_____を助ける．

練習　（　）内の人称代名詞を正しい形にして下線部に書きなさい．
1) Ich besuche _____(du) und du besuchst _____(ich).
2) Ich helfe _____(du) und du hilfst _____(ich).
3) Ich besuche _____(Sie) und Sie besuchen _____(ich).
4) Ich helfe _____(Sie) und Sie helfen _____(ich).
5) Wir besuchen _____(ihr) und ihr besucht _____(wir).
6) Wir helfen _____(ihr) und ihr helft _____(wir).

練習　（　）に適切な人称代名詞を入れなさい．
例： Wie findest du diesen PC? — Ich finde (ihn) super.
　　　このパソコンどう思う？ーすごいと思うよ．
1) Wie findest du diese Hose? — Ich finde (　　　) sehr schick.
　　　このズボンどう思う？ーとてもシックだと思うよ．
2) Wie findest du dieses Hemd? — Ich finde (　　　) sehr interessant.
　　　このシャツどう思う？ーすごく面白いと思うよ．
3) Wie findest du diese Schuhe? — Ich finde (　　　) sehr schön.
　　　この靴どう思う？ーとても素敵だと思うよ．
4) Wie findest du diesen Rock? — Ich finde (　　　) sehr hübsch.
　　　このスカートどう思う？ーすごく可愛いと思うよ．

§19　人称代名詞と前置詞の結合形

◆ 「事物」を受ける人称代名詞が前置詞と結びつく場合，人称代名詞は da- という形になり，前置詞の前につく．

Ich habe heute Nachmittag eine Vorlesung. **Danach** gehe ich sofort nach Hause.
　今日の午後は講義が一つある．その後（＝講義の後）は，すぐに家に帰る．
　※ **da**nach ＜ nach **ihr**（その後）＜ nach **der Vorlesung**（講義の後）

Lukas nimmt ein Messer und schneidet **damit** das Brot.
　ルーカスはナイフを取り，それでパンを切る．
　※ **da**mit ＜ mit **ihm**（それで）＜ mit **dem Messer**（ナイフで）

▶ 前置詞が母音ではじまるときは dar- となる．
　An der Ecke steht ein Haus. **Daraus** schaut ein Mann.
　　その角に家が一軒立っている．中から男の人が外を見ている．

▶ 人称代名詞が「人」を表すときは前置詞との結合形は使わない．
　Unsere Lehrerin ist sehr nett. Wir sprechen oft **mit ihr**.
　　私たちの先生はとても親切だ．私たちはよく先生と話をする．

§20 動詞の命令形と命令文

◆ 動詞の命令形は，命令する相手との関係，つまり du, ihr (親称) を使うか Sie (敬称) を使うかに応じて異なる．

	warten	kommen	geben	sein
du に対して ―[e]	warte	komm[e]	gib	sei
ihr に対して ―[e]t	wartet	kommt	gebt	seid
Sie に対して ―en Sie	warten Sie	kommen Sie	geben Sie	seien Sie

> ▸ du に対する命令形の語尾 -e は省略されることが多い．
> ▸ 語幹が -d, -t などで終わる動詞 (例：reden, warten) や不定詞が -eln, -ern などで終わる動詞 (例：lächeln, ändern) は，語尾 -e を省略しない．

◆ 現在人称変化で幹母音 e が i/ie に変わる動詞は，du に対する命令形でも幹母音を i/ie にする．語尾はつかない．

sprechen (du sprichst) → sprich　　geben (du gibst) → gib
nehmen (du nimmst) → nimm　　lesen (du liest) → lies

> ▸ ただし werden (du wirst) の du に対する命令形は werde となる．

◆ du と ihr に対する命令文には主語がない．Sie に対する命令文には主語がある．

Komm morgen zu mir!　　あす私のところに来なさい．
Wartet hier noch ein bisschen!　　君たち，ここでもう少し待ちなさい．
Stehen Sie sofort auf!　　すぐ起きてください．

練習　du, ihr, Sie に対する命令文を作りなさい．

helfen 手伝う　　entschuldigen ゆるす　　die Tür zu|machen 戸を閉める

練習問題

I. 空所に適切な人称代名詞を補って，和訳しなさい．

1) Ich verstehe dich nicht. — Warum verstehst du (　　) nicht?

2) Wann kommt ihr zu uns? — Wir kommen am Sonntag zu (　　).

3) Was kaufst du deiner Schwester? — Ich kaufe (　　) eine CD.

4) Und was empfiehlst du mir? — Ich empfehle (　　) den Apfelkuchen.

5) Was schenkst du deinen Eltern? — Ich schenke (　　) eine Schiffsreise.

6) Sophie, liebst du Lukas wirklich? — Lukas? Nein! Ich liebe (　　) überhaupt nicht.

7) Lukas, sag mal, wie findest du denn Sophie? — Sophie? Ich habe kein Interesse an (　　).

8) Bist du mit deinen Lehrern zufrieden? — Ja, natürlich. Ich bin mit (　　) sehr zufrieden.

9) Sieh mal! Das ist meine Katze. — Wow! Ich finde (　　) süß.

10) Kommt schnell! Unser Bus kommt gleich! — Nein, wir erreichen (　　) nicht mehr.

II. ドイツ語で作文しなさい．（与えられた語を使い，足りない語は補うこと．）

1) マックス，明日は6時に起きなさい．
   aufstehen　morgen　Uhr　um

2) シュミットさん（女性），今晩わたしに電話を掛けてください．
   Abend　anrufen　bitte　heute

3) とにかく毎日勉強しなさい．そうすれば君はきっと試験に合格する．
   bestehen　dann　einfach　jeden Tag　lernen　Prüfung　sicher

4) この小説はとてもおもしろいよ．[君たち] 読んでごらん．
   doch mal　interessant　lesen　Roman　sehr

5) どうぞこちらへお座りください．
   bitte　hier　Platz nehmen

第 7 課　話法の助動詞・未来形

Ich will in Deutschland studieren.　　私はドイツに留学するつもりだ．
Deshalb muss ich Deutsch lernen.　　だからドイツ語を勉強しないといけない．

§21　話法の助動詞の現在人称変化

können		
ich **kann**	wir	können
du **kannst**	ihr	könnt
er **kann**	sie	können

müssen		
ich **muss**	wir	müssen
du **musst**	ihr	müsst
er **muss**	sie	müssen

wollen		
ich **will**	wir	wollen
du **willst**	ihr	wollt
er **will**	sie	wollen

sollen		
ich soll	wir	sollen
du sollst	ihr	sollt
er soll	sie	sollen

mögen		
ich **mag**	wir	mögen
du **magst**	ihr	mögt
er **mag**	sie	mögen

dürfen		
ich **darf**	wir	dürfen
du **darfst**	ihr	dürft
er **darf**	sie	dürfen

➢ 1 人称単数と 3 人称単数には人称語尾がつかない．
➢ **sollen** 以外は単数形の幹母音が不定形と異なる．

◆ möchte は「～したい」という意味で特によく用いられる．

ich möchte	wir	möchten
du möchtest	ihr	möchtet
er möchte	sie	möchten

➢ möchte は mögen の接続法第 2 式（§52）という形．

Was **möchtest** du trinken?　何が飲みたい？
Heute **möchte** ich in einen Biergarten gehen.　今日はビアガーデンに行きたいな．

§22 話法の助動詞の主な意味

辞書や単語集を使って例文の意味を考えなさい．

können 能力，可能性
Paul kann sehr gut Klavier spielen.
Wegen des Lärms kann ich nicht einschlafen.
Das kann doch nicht sein!

müssen 必然性，必要性，推量
Es ist schon 7 Uhr. Wir müssen jetzt gehen.
Paul ist noch nicht da. Er muss krank sein.
Aber wir müssen nicht auf ihn warten.

wollen 主語の意志・希望
Ich will im Sommer in die Schweiz fahren.
Ich auch! Wollen wir zusammen eine Reise machen?

sollen 主語以外の意志・希望
Ich soll im Sommer in die Schweiz fahren.
Soll ich mitkommen?

dürfen 許可，（否定で）禁止
Darf ich Kartoffelchips kaufen?
So etwas darfst du nicht essen.

mögen 好み，推量
Ich mag keinen Fisch essen.
Du magst recht haben.

> ➤ mögen は「好き」という意味の他動詞として使うことが多い．
> Magst du die Symphonien von Beethoven?

§23 助動詞構文

◆ 本動詞は不定形で文末に置かれる．

Ich **will** in Deutschland **studieren**.

◆ 話法の助動詞は本動詞を伴わずに単独で用いられる場合もある．

Leider **muss** ich langsam nach Hause.
Das **kann** ich nicht.

練習 例にならって話法の助動詞を使った文を作りなさい．

例： Ich schreibe einen Brief. (müssen) 　　私は手紙を書く（＋ねばならない）．
　　⇒ Ich muss einen Brief schreiben. 　　私は手紙を書かないといけない．
1) Lukas besteht die Prüfung. (können) 　ルーカスは試験に合格する（＋できる）．
2) Du gehst nach Hause. (dürfen) 　　　君は帰宅する（＋してよい）．
3) Ich studiere Musik. (wollen) 　　　　私は音楽を専攻する（＋つもりだ）．
4) Du liest dieses Buch. (müssen) 　　　君はこの本を読む（＋ねばならない）．

§24　werden＋不定詞

◆ **werden＋不定詞**で「～だろう」などの意味を表す．これを「未来形」と呼ぶ．
　Mein Sohn **wird** Ihnen **helfen**.

◆「未来形」は，現在の出来事についての推量や話者の決意を表すこともある．
　Maria ist nicht da. Sie **wird** wohl krank **sein**.
　Ihre Freundlichkeit **werde** ich nie **vergessen**.
　　▶ 未来のことでも，確実なことは現在形で表す．
　　　Morgen fahren wir nach Hamburg.

補足： **lassen** の用法

話法の助動詞の他に lassen（…させる）も不定詞と結びつく用法がある．
　Maria lässt ihren Mann kochen.　マリアは夫に料理をさせる．
　Ich lasse den Anzug reinigen.　私はスーツをクリーニングさせる．

練習問題

I. 各文に（ ）の助動詞を加えて文を書き換え，和訳しなさい．

1) Wir warten eine Stunde auf den Zug.（müssen）
2) Gehen wir in das Café dort und trinken Kaffee?（wollen）
3) In diesem Café telefoniert man nicht mit dem Handy.（dürfen）
4) Lukas fährt am Wochenende mit Sophie nach Heidelberg.（wollen）
5) Er besichtigt die Schlossruine und geht Wein trinken.（möchte）
6) Welches Restaurant in Heidelberg empfiehlst du ihm?（können）
7) Ihr steigt in Mannheim um.（müssen）
8) Euer Zug kommt pünktlich in Mannheim an.（werden）
9) Unser Professor ist etwa fünfundsiebzig Jahre alt.（werden）
10) Du tust jetzt deine Pflicht und arbeitest vernünftig.（sollen）

II. ドイツ語で作文しなさい．（与えられた語を使い，足りない語は補うこと．）

1) 黒田さん（男性），シュミットさん（女性）を紹介させていただけますか？
　　vorstellen

2) ルーカス，［君の］辞典使ってもいい？
　　benutzen　Wörterbuch

3) ドイツの医者は［私たちを］いつも長いこと待たせる．
　　Arzt（複数形で）　Deutschland　immer　in　lange　warten

4) 私たちは行くべきだろうか，それともむしろここにとどまるべきだろうか．
　　bleiben　gehen　hier　lieber　oder

5) 君たち，明日7時に起きられる？
　　aufstehen

第8課　再帰代名詞・再帰動詞・副文

> Thomas weiß nicht, dass ich mich sehr für ihn interessiere.
> トーマスは私が彼にとても関心があることを知らない．

§25　再帰代名詞

◆ 主語自身を指し，「自分を」あるいは「自分に」という意味の代名詞を再帰代名詞と言う．

再帰代名詞

		1人称	2人称親称	3人称・2人称敬称
単数	3格	mir	dir	sich
	4格	mich	dich	sich
複数	3格	uns	euch	sich
	4格	uns	euch	sich

◆ 1人称と2人称親称は，人称代名詞（§18）と再帰代名詞が同じ形．
　　Darf ich **mich** vorstellen?　自己紹介してもいいですか？
　　Du denkst immer nur an **dich**.　君はいつも自分のことしか考えない．

◆ 3人称と2人称敬称では，3格と4格，単数と複数すべて sich という形になる．
　　Mein Sohn hält **sich** für klug.　私の息子は自分を賢いと思っている．
　　Sie müssen **sich** selbst kennen.　あなたは自分自身を知らないといけない．

◆ 日本語で特に必要がない場合でも，3格の再帰代名詞が用いられることが多い．
　　Ich will **mir** ein Auto kaufen.　私は（自分に）車を買うつもりだ．
　　Wasch **dir** vor dem Essen die Hände!　食事の前に（自分の）手を洗いなさい．

◆ 前置詞と再帰代名詞を使った表現も多い．
　　Ich habe kein Geld **bei mir**.　お金の持ち合わせがない．（＜自分のもとに持っていない）
　　Wir haben eine Prüfung **vor uns**.　私たちは試験をひかえている．（＜自分の前に持っている）

◆ 再帰代名詞は「互い」という意味を表すこともある．これを相互代名詞と言う．
　　Meine Eltern verstehen **sich** sehr gut.　私の両親はお互いによく理解しあっている．

§26 再帰動詞

◆ 再帰代名詞と組合わさって一つの意味を表す動詞がある．これを再帰動詞という．

◆ 再帰動詞には4格の再帰代名詞をとるものが多い．

sich freuen　喜ぶ

ich freue mich	wir freuen uns
du freust dich	ihr freut euch
er freut sich	sie freuen sich

sich ärgern　怒る　　　　　　　　　sich schämen　恥ずかしく思う

sich setzen +方向　座る　　　　　　sich legen +方向　横になる

sich an ~4 erinnern　…を思い出す　　sich auf ~4 freuen　…を楽しみにしている

sich für ~4 interessieren　…に興味がある　sich über ~4 freuen　…をうれしく思う

　▶ 再帰動詞を調べるときは，どの前置詞が一緒に用いられるかにも注意すること．

練習　（　）を埋めて文を完成させなさい．

1) レナーテは怒っている．　　　　Renate (　　　)(　　　)．
2) 君は恥ずかしくないのか？　　　(　　　) du (　　　) nicht?
3) 私たちは環境に関心がある．　　Wir (　　　)(　　　) für die Umwelt.
4) 君たち本をもらってうれしい？　(　　　) ihr (　　　) über das Buch?
5) 私は椅子に座る．　　　　　　　Ich (　　　)(　　　) auf den Stuhl.
6) あなたは休暇が楽しみですか？　(　　　) Sie (　　　) auf den Urlaub?

◆ 3格の再帰代名詞をとるものはあまり多くない．

sich³ ~4 erlauben　敢えて…する

　Ich möchte mir eine Frage erlauben.　敢えて質問をしたいと思います．

sich³ ~4 merken　…を覚えておく

　Merke dir diese Zahlen!　この数字を覚えなさい．

sich³ ~4 vorstellen　…を想像する，思い描く

　Kannst du dir ein Leben ohne mich vorstellen?
　　　私／僕がいない生活が想像できる？

§27　定動詞の位置（2）— 副文

◆ dass（英：that）などの接続詞に導かれる文では定動詞が文末に来る．このような文を副文（または従属文）と言う．

　　Ich glaube, [*dass* Peter nicht **kommt**]. (< Peter **kommt** nicht.)
　　　　私は思う，[ペーターが来ないと]．

Peter kommt mit, [*wenn* er Zeit **hat**]. (< Er **hat** Zeit.)
　　　　ペーターも一緒に来る，[時間があるならば]．

　▶ 分離動詞は副文中では分離しない．

　　　Ich weiß, dass du jeden Tag sehr früh **aufstehst**.
　　　　私は，君が毎日とても早く起きるということを知っている．

wissen			
ich	**weiß**	wir	**wissen**
du	**weißt**	ihr	**wisst**
er	**weiß**	sie	**wissen**

　▶ 助動詞構文では，本動詞が不定形，助動詞が定形なので，副文では「本動詞－助動詞」という語順になる．

　　　Mein Vater weiß, dass ich in Deutschland **studieren will**.
　　　　父は，私がドイツに留学したいということを知っている．

　▶ 副文も文全体を構成する一つの成分だと考える．副文で始まる場合は，副文の直後（すなわち文全体で文頭から第2位）に定動詞が来る．

　　　　　　　　　　文
　　　　⌒⌒⌒⌒⌒⌒⌒⌒⌒⌒⌒⌒
　　　Wenn er Zeit hat, **kommt** Peter mit.　　時間があればペーターも一緒に来る．
　　　　副文＝第1位　　定動詞＝第2位

§28　間接疑問文

◆ 補足疑問文も定動詞が後置されると副文になる．

　　Die Studenten fragen mich, **warum** dieses Buch so teuer **ist**.
　　　< **Warum** ist dieses Buch so teuer?　どうしてこの本はこんなに高いのですか？

◆ 決定疑問文は接続詞 ob を用い，定動詞を後置すると副文になる．

　　Mein Sohn fragt mich, **ob** dieses Buch interessant **ist**.
　　　< **Ist** dieses Buch interessant?　この本はおもしろいの？

補足：主な従属接続詞

als …したとき	bevor …する前に	da …なので	damit …するために
dass …ということ	nachdem …してから	ob …かどうか	weil …なので
während …する間に	wenn …ならば		

練習問題

I. （ ）内に適切な再帰代名詞を補って，全文を和訳しなさい．

1) Meine Mutter sieht （　　） im Spiegel an und lächelt.
2) Nach dem Essen musst du （　　） gründlich die Zähne putzen.
3) Die Kinder freuen （　　） schon auf Weihnachten.
4) Erinnert ihr （　　） noch an meine Worte?
5) Um wie viel Uhr treffen wir （　　） morgen?
6) Ich fühle （　　） krank. Ich lege （　　） ein bisschen aufs Sofa.

II. （ ）内の従属接続詞で後文を前文につなぎ，出来上がった文を和訳しなさい．

1) Räume dein Zimmer auf! Du reist ab.（bevor）
2) Ich schreibe die Namen auf. Ich vergesse sie nicht.（damit）
3) Julia will zur Schule gehen. Sie ist krank und hat Fieber.（obwohl）
4) Alex kommt nicht zur Party. Er hat morgen eine Prüfung.（weil）
5) Mein Freund kocht das Essen. Ich sehe fern.（während）

III. ドイツ語で作文しなさい．（与えられた語を使い，足りない語は補うこと．）

1) 私たちは10年来の知り合いでお互いにとてもよく理解しあっている．
　　gut　Jahr　kennen　schon　sehr　seit　verstehen
2) 天気が良いときは，私は歩いて大学へ行く．
　　gehen　schön　Uni　Wetter　zu Fuß
3) もう年なので，父はそんなに長時間ハイキングできない．
　　alt　können　lange　schon　so　Vater　wandern
4) そのパーティーが本当に明日あるのか私は知らない．
　　Party　stattfinden　wirklich　wissen
5) クラウスがまだ私のこと怒っているかひょっとしたら知っている？
　　ärgern　immer noch　Klaus　über　vielleicht　wissen

第 9 課　形容詞の格変化

> Ich brauche einen neuen Freund und eine neue Wohnung.
> 私は新しいボーイフレンドと新しい住まいが必要だ．

§29　形容詞の用法

◆ 形容詞には述語的用法，付加語的用法，副詞的用法がある．

1) 述語的用法　Mein Auto ist schnell.　　私の車は速い．
2) 付加語的用法　Ich besitze ein schnelles Auto.　私は速い車を所有している．
3) 副詞的用法　Mein Auto fährt schnell.　　私の車は速く走る．

◆ 付加語的用法では，名詞の性・数・格に応じて形容詞に格語尾がつく．

§30　形容詞の格変化

◆ 形容詞の格語尾は，冠詞類の有無および冠詞の種類によって異なる．

a) 定冠詞［類］＋形容詞＋名詞

男性単数　その新しいスプーン
der	neu**e**	Löffel
des	neu**en**	Löffels
dem	neu**en**	Löffel
den	neu**en**	Löffel

中性単数　その新しいナイフ
das	neu**e**	Messer
des	neu**en**	Messers
dem	neu**en**	Messer
das	neu**e**	Messer

女性単数　その新しいフォーク
die	neu**e**	Gabel
der	neu**en**	Gabel
der	neu**en**	Gabel
die	neu**e**	Gabel

複数　その新しいグラス
die	neu**en**	Gläser
der	neu**en**	Gläser
den	neu**en**	Gläsern
die	neu**en**	Gläser

➤ 形容詞の語尾は，男性単数1格，中性単数1・4格，女性単数1・4格で -e，それ以外では -en となる．

練習 格変化させなさい．

dieser alte Tisch　この古い机　　　jene schöne Zeit　あの素晴らしい時
jedes neue Buch　どの新しい本も　　alle jungen Lehrer　全ての若い先生

b) 不定冠詞［類］＋形容詞＋名詞

男性単数
新しいスプーン
ein △　neu**er**　Löffel
eines　neu**en**　Löffels
einem　neu**en**　Löffel
einen　neu**en**　Löffel

中性単数
新しいナイフ
ein △　neu**es**　Messer
eines　neu**en**　Messers
einem　neu**en**　Messer
ein △　neu**es**　Messer

女性単数
新しいフォーク
eine　neu**e**　Gabel
einer　neu**en**　Gabel
einer　neu**en**　Gabel
eine　neu**e**　Gabel

複数
私の新しいグラス
meine　neu**en**　Gläser
meiner　neu**en**　Gläser
meinen　neu**en**　Gläsern
meine　neu**en**　Gläser

➤ 男性単数1格と中性単数1・4格には冠詞の語尾が欠けているので，形容詞に -er および -es という語尾をつける．それ以外は a) と同じ．

➤ 不定冠詞 ein には複数形がないので，この表では複数形のところだけ mein が使ってある．

練習 格変化させなさい．

dein neues Leben　君の新しい生活　　　meine schöne Wohnung　僕の素敵な住まい
euer alter PC　君たちの古いパソコン　　ihre frechen Kinder　彼女の生意気な子供たち

c) （冠詞類なし）＋形容詞＋名詞

男性単数	中性単数	女性単数	複数
冷たいお茶	冷たい水	冷たい牛乳	冷たいグラス
kalt**er**　Tee	kalt**es**　Wasser	kalt**e**　Milch	kalt**e**　Gläser
kalt**en**　Tees	kalt**en**　Wassers	kalt**er**　Milch	kalt**er**　Gläser
kalt**em**　Tee	kalt**em**　Wasser	kalt**er**　Milch	kalt**en**　Gläsern
kalt**en**　Tee	kalt**es**　Wasser	kalt**e**　Milch	kalt**e**　Gläser

➤ 前に冠詞類がない場合は，定冠詞類と同じ語尾を形容詞につける．

➤ 男性単数2格と中性単数2格では，名詞の語尾で2格だと分かるので，形容詞の語尾は -en となる．

練習 格変化させなさい.

deutscher Wein　ドイツワイン　　alte Städte　古い町（複数）
frisches Brot　焼きたてのパン　　kalte Suppe　冷たいスープ

補足：注意すべき格語尾

- -el に終わる形容詞に格語尾がつくと -el の e が落ちる.
    dunkel → ein dunkles Zimmer　暗い部屋

- -er や -en に終わる形容詞に格語尾がつくと -er および -en の e が落ちることがある.
    teuer → ein teu[e]rer Computer　高価なコンピューター

- hoch は格語尾がつくと hoh-（発音は [hoː]）となる.
    hoch → ein ho**h**er Turm　高い塔

---

§31　形容詞の副詞的用法

◆ ドイツ語の形容詞は，そのままの形で副詞として使うことができる.

Meine Mutter kann sehr **gut** kochen.　母はとても上手に料理ができる.
Mein Vater spricht immer sehr **langsam**.　父はいつもとてもゆっくり話す.

練習問題

I. 下線部に適切な語尾を補って，全文を和訳しなさい．

1) Unsere neu＿＿ Kollegin fährt einen rot＿＿ Porsche.

2) Sie soll auch ein groß＿＿ Haus in einem ruhig＿＿ Viertel besitzen.

3) Stammt sie aus einer reich＿＿ Familie? Oder hat sie einen sehr großzügig＿＿ Freund?

4) Meine Frau möchte jetzt einen neu＿＿, automatisch＿＿ Staubsauger haben.

5) Aber so ein modern＿＿ Modell ist jetzt noch sehr teuer. Klug＿＿ Leute warten noch.

6) Unser Lehrer trägt immer einen grau＿＿ Anzug und ein weiß＿＿ Hemd.

7) Er hat auch immer braun＿＿ Sandalen an und trägt eine schwarz＿＿ Tasche.

8) Auf dem groß＿＿ Tisch steht ein sehr dünn＿＿ Laptop.

9) Lukas schreibt mit diesem japanisch＿＿ Laptop eine Mail an seine japanisch＿＿ Freunde.

10) Trinkt ihr gern deutsch＿＿ Wein oder deutsch＿＿ Bier?

II. ドイツ語で作文しなさい．（与えられた語を使い，足りない語は補うこと．）

1) その貧しい学生は高いバイクを持っている．
   arm Motorrad Student teuer

2) 冷えたビールと日本酒があるよ．どっちがいい？
   Bier haben japanisch kühl möchte Reiswein was

3) この古い町には新しい大学がある．
   alt geben neu Stadt Universität

4) この新しい雑誌どう思う？—そうだなあ，まあまあだね．でも，面白い記事もあるよ．
   Artikel es geht finden interessant na ja neu wie Zeitschrift

5) 彼の生意気な娘はこの高価な本が役に立つか私に訊くんですよ．
   Buch fragen frech nützlich ob teuer Tochter

第 10 課　zu 不定詞・zu 不定詞句・形容詞の名詞化

> Alex, hast du Lust, mit mir ins Kino zu gehen?
> アレックス，一緒に映画に行く気ある？

§32　zu 不定詞・zu 不定詞句の作り方

◆ 不定詞の前に zu を置いたものを zu 不定詞と言う．

◆ zu 不定詞句では，zu 不定詞が句の最後に置かれる．つまり目的語や副詞成分などはすべて zu 不定詞の前に置かれる．

 heute Abend　　mit mir　　ins Kino　　zu gehen
 　今晩　　　　　私と　　　映画に　　　行くこと

◆ 分離動詞の zu 不定詞：前綴りと動詞本体の間に zu を挿入する．
 auf|machen　開ける　⇒　auf**zu**machen　開けること
 teil|nehmen　参加する　⇒　teil**zu**nehmen　参加すること

【練習】与えられた語を使って zu 不定詞句を作りなさい．
1) 毎日ドイツ語を勉強すること　Deutsch　jeden　lernen　Tag
2) 毎週本を一冊読むこと　Buch　ein　jede　lesen　Woche
3) 毎朝 6 時に起きること　aufstehen　jeden　Morgen　sechs　Uhr　um
4) すぐに君のメールに返事をすること　antworten　auf　deine　E-Mail　sofort

§33　zu 不定詞・zu 不定詞句の用法

辞書や単語集を使って例文の意味を考えなさい．

◆ zu 不定詞・zu 不定詞句は「〜すること」という意味の名詞のように用いられる．

① 主語として：「〜することは…」
 Die Prüfung für das Stipendium zu bestehen ist nicht leicht.

> 仮の主語として es を用いることがよくある．
 Es ist nicht leicht, die Prüfung für das Stipendium zu bestehen.

② 目的語として：「～することを…」
Mein Bruder hofft, ein positives Ergebnis zu bekommen.

③ 名詞にかかって：「～する（という）…」
Er hat den großen Wunsch, in Deutschland zu studieren.

④ 形容詞にかかって：「～すること（に）…」
Er wird nie müde, verschiedene Bücher über Deutschland zu lesen.

練習 42 ページの練習で作った zu 不定詞句を使い，以下の (a) と (b) の文を作りなさい．
(a) Es ist leicht, …　～するのは簡単だ
(b) Ich verspreche dir, …　～すると君に約束する
1) 毎日ドイツ語を勉強すること　　2) 毎週本を一冊読むこと
3) 毎朝 6 時に起きること　　　　4) すぐに君のメールに返事をすること

◆ um＋zu 不定詞で「～するために」（目的），ohne＋zu 不定詞で「～することなく」，statt＋zu 不定詞で「～するかわりに」という意味を表す．

Wir gehen auf den Markt, **um** guten Wein aus der Gegend **zu** kaufen.
私たちは地元の美味しいワインを買うために市場へ行く．（目的）

補足：**haben ＋ zu 不定詞**

haben ＋ zu 不定詞で「～すべきだ」「～しないといけない」などの意味を表すことができる．

Ich **habe** noch ein paar Mails **zu** schreiben, bevor ich nach Hause fahre.
帰宅する前に，私はまだ数通メールを書かないといけない．

---

§34　形容詞の名詞化

◆ 形容詞は，付加語的用法と同じ格語尾をつけ，名詞として使うことができる．

◆ 男性単数，女性単数，複数の語尾をつけると「…な人」という意味になり，中性単数の語尾をつけると「…なもの・こと」という意味になる．

◆ 頭文字は大文字書きにする．

	男性単数	女性単数	複数
	その病人（男性）	その病人（女性）	その病人たち
1格	der Kranke	die Kranke	die Kranken
2格	des Kranken	der Kranken	der Kranken
3格	dem Kranken	der Kranken	den Kranken
4格	den Kranken	die Kranke	die Kranken

	ある病人（男性）	ある病人（女性）	病人たち
1格	ein Kranker	eine Kranke	Kranke
2格	eines Kranken	einer Kranken	Kranker
3格	einem Kranken	einer Kranken	Kranken
4格	einen Kranken	eine Kranke	Kranke

練習 格変化させなさい．

ein Deutscher　あるドイツ人（男性）　　der Deutsche　そのドイツ人（男性）
eine Deutsche　あるドイツ人（女性）　　die Deutsche　そのドイツ人（女性）
Deutsche　　　ドイツ人たち　　　　　　die Deutschen　ドイツ人たち

練習 語尾を入れなさい．

1) Ich habe eine Verwandt___ in Kanada.　私はカナダに親戚の女性が一人いる．
2) Ein Bekannt___ von mir arbeitet in Bonn.　私の知り合いの男性がボンで働いている．
3) Die Abgeordnet___ müssen stets an uns denken.
　　　　　　　　　　　　　　　　　　　議員たちは常に私たちのことを考えねばならない．

	中性単数		
	新しいもの・こと	何か新しいもの・こと	新しいもの・ことは何も…ない
1格	das Neue	etwas Neues	nichts Neues
2格	des Neuen	—	—
3格	dem Neuen	etwas Neuem	nichts Neuem
4格	das Neue	etwas Neues	nichts Neues

Nun erzähle ich euch etwas Wichtiges.　これから君たちに大事なことを話す．
Ich werde nichts Süßes mehr essen.　私はもう甘いものは何も食べない．

練習問題

I. 和訳しなさい.

1) Meine Tochter versucht, ihre Wohnung alleine zu renovieren.
2) Es ist zwar leicht, die Wände zu streichen, aber es ist sehr schwierig, neu zu tapezieren.
3) Wann habt ihr Zeit, ihr zu helfen?
4) Wir fahren am Wochenende ins Grüne, um uns zu erholen.
5) Ich habe mich am Wochenende auf die Prüfung vorzubereiten.
6) Meine Tochter freut sich schon darauf, nach der Renovierung in ihrer Wohung zu feiern.
7) Mein Sohn möchte immer nur etwas Süßes essen.
8) Unsere Verwandten sagen, dass er es von seinem Vater hat.
9) Wie es im Sprichwort heißt: Wie die Alten sungen, so zwitschern auch die Jungen.
10) Du brauchst dir keine Sorgen zu machen.

- 6) の darauf は §19 を参照.
- 9) の sungen は singen の過去形の古い形.

II. ドイツ語で作文しなさい.（与えられた語を使い，足りない語は補うこと.）

1) ドイツ人（複数形で）を理解するためにはドイツ語を学ぶ必要がある.
   Deutsch   lernen   müssen   verstehen
2) しかしドイツ語をしっかりマスターするのは簡単ではない.
   beherrschen   gut   leicht   nicht
3) 彼はドイツ人と結婚するつもりだ．／彼女はドイツ人と結婚するつもりだ.
   heiraten   wollen
4) 僕はもう馬鹿なことを言わないと君に約束する.
   dumm   mehr   nichts   sagen   versprechen
5) ヨハンナは森に小さな家を買うという望みを持っている.
   Haus   Johanna   kaufen   klein   Wald   Wunsch

第 11 課　動詞の３基本形と過去形

> Sophie wohnte damals in Berlin.　ゾフィーはその頃ベルリンに住んでいた．
> Sie ging noch zur Schule.　彼女はまだ学校に通っていた．

§35　動詞の３基本形

◆ 不定詞，過去基本形，過去分詞を動詞の３基本形と言う．

◆ 過去基本形と過去分詞の作り方によって，弱変化動詞，強変化動詞，混合変化動詞に分かれる．

 a)　**弱変化動詞**（規則動詞）：３基本形にわたって幹母音が変わらない．

不定詞	過去基本形	過去分詞
——en	——te	ge——t

lieben	愛する	liebte	geliebt
weinen	泣く	weinte	geweint
arbeiten	働く	arbeitete	gearbeitet
öffnen	開ける	öffnete	geöffnet

 ▶ 過去形の語尾 -ete，過去分詞の語尾 -et については §3 を参照．

 b)　**強変化動詞**（不規則動詞）：幹母音が変わる．語尾も弱変化動詞と異なる．

不定詞	過去基本形	過去分詞
——en	—×—	ge—(×)—en

fahren	行く	fuhr	gefahren
geben	与える	gab	gegeben
gehen	行く	ging	gegangen
kommen	来る	kam	gekommen
schreiben	書く	schrieb	geschrieben
sprechen	話す	sprach	gesprochen
stehen	立っている	stand	gestanden
trinken	飲む	trank	getrunken

c) 混合変化動詞（不規則動詞）：幹母音が変わる．語尾は弱変化と同じ．

不定詞	過去基本形	過去分詞
——en	—×—te	ge—×—t

bringen	持ってくる	brachte	gebracht
nennen	名づける	nannte	genannt
wissen	知っている	wusste	gewusst
können	…できる	konnte	gekonnt

➤ 混合変化動詞には他に brennen, denken, kennen, rennen, senden, wenden の 6 つと話法の助動詞 dürfen, mögen, müssen がある．

◆ sein, haben, werden の 3 基本形

sein	war	gewesen
haben	hatte	gehabt
werden	wurde	geworden

◆ 過去分詞で ge- が付かない動詞

a) 非分離動詞
   besuchen 訪問する → besucht
   verstehen 理解する → verstanden
   erkennen 認識する → erkannt

b) –ieren などで終わり，アクセントが語頭に来ない動詞
   studieren 大学で勉強する → studiert
   operieren 手術する → operiert
   prophezeien 予言する → prophezeit

◆ 分離動詞の過去分詞では ge- が前綴りと動詞本体の間に入る．
   vor|stellen 紹介する → vor**ge**stellt （< vor + gestellt）
   auf|stehen 起きる → auf**ge**standen （< auf + gestanden）
   mit|bringen 持ってくる → mit**ge**bracht （< mit + gebracht）

§36 過去人称変化

◆ 動詞の過去形は，過去基本形に過去人称語尾をつけて作る．

過去人称語尾

ich	——	wir	——[e]n
du	——st	ihr	——t
er	——	sie	——[e]n

sein

ich	war	wir	waren
du	warst	ihr	wart
er	war	sie	waren

haben

ich	hatte	wir	hatten
du	hattest	ihr	hattet
er	hatte	sie	hatten

werden

ich	wurde	wir	wurden
du	wurdest	ihr	wurdet
er	wurde	sie	wurden

können

ich	konnte	wir	konnten
du	konntest	ihr	konntet
er	konnte	sie	konnten

練習 過去人称変化させなさい．

denken 考える　　finden ～と思う　　wissen 知っている
müssen ～ねばならない　　wollen ～するつもりだ　　brauchen ～の必要がある

練習問題

I. （ ）内の不定詞を過去人称変化させ，出来上がった文を和訳しなさい．

1) Herr Kuroda erzählt: Vor 35 Jahren (wohnen) ich in Ostberlin.

2) Damals (geben) es noch zwei deutsche Staaten: die Bundesrepublik Deutschland und die Deutsche Demokratische Republik.

3) Den Ostberlinern (sein) es nicht erlaubt, nach Westberlin zu fahren.

4) Die Westberliner (können) zwar in den Osten fahren, aber nur wenige (wollen) dahin.

5) In Ostberlin (müssen) man manchmal lange warten, um Lebensmittel zu kaufen.

6) Die Waren (sein) da, aber die Verkäuferinnen (arbeiten) nicht sehr schnell.

7) Zuerst (ärgern) ich mich darüber, aber nach und nach (gewöhnen) ich mich daran.

8) Ich (fragen) mich: Leben wir Japaner vielleicht zu hektisch?

9) Im November 1989 (fallen) die Berliner Mauer.

10) Ich (können) meinen Augen nicht trauen.

II. ドイツ語で作文しなさい．（与えられた語を使い，足りない語は補うこと．）

1) 私が幼少の頃，うちは（＝私たちは）貧しかった．
   als   arm   klein

2) 父は毎日とても遅く帰宅した．
   jeden Tag   kommen   nach Hause   spät   Vater

3) 母はある工場で，パートタイムで働いていた．
   Fabrik   Mutter   Teilzeit

4) うちにはテレビも電話もなかった．
   Fernseher   Telefon   weder ... noch ...

5) それでも誕生日に両親はわたしにいつも何かをプレゼントしてくれた．
   Eltern   etwas   immer   schenken   trotzdem   zum Geburtstag

第 12 課　完了形

> Was hast du am Wochenende gemacht?
>
> 週末には何をした？
>
> — Ich habe Tischtennis gespielt. Und du?
>
> 卓球をしたよ．で，あなたは？
>
> Ich bin mit Sophie nach Heidelberg gefahren.
>
> 僕はゾフィーとハイデルベルクに行った．

§37　現在完了形

> **haben / sein** の現在形 …… 過去分詞（文末）

◆ 現在完了形は，完了した事柄を現在との関連において述べる．

Hast du schon dieses Buch **gelesen**?　この本もう読んだ？

Johanna weint. Sie **hat** mit ihrem Freund **gestritten**.

ヨハンナは泣いている．ボーイフレンドとけんかしたのだ．

Lukas ist nicht da. Er **ist** zur Schule **gegangen**.　ルーカスはいません．学校に行きました．

▷ 一方，過去形は過去の事柄を現在とは関連づけずに語る．物語では普通は過去形が用いられる．

Momo **schaute** den Mann nur an und **schwieg** eine Weile.

モモはその男の人をただじっと見つめて，しばらく黙っていた．

練習　例にならって，現在完了形で対話練習をしなさい．

例：zu Mittag essen（昼食を食べる）

→ **Hast** du schon zu Mittag **gegessen**? — Ja, ich **habe** schon zu Mittag **gegessen**.

die Hausaufgaben machen（宿題をする）　die Zeitung lesen（新聞を読む）

das Zimmer aufräumen（部屋を片付ける）　das Essen bestellen（食事を注文する）

◆ 現在完了形では haben または sein が定形になるので，副文では「過去分詞 — haben/sein」という語順になる．

Weißt du nicht, dass Johanna mit ihrem Freund **gestritten hat**?

ヨハンナがボーイフレンドとけんかしたこと知らないの？

Ich weiß nicht, mit wem du ins Kino **gegangen bist**.

君が誰と映画に行ったのかは知らない．

§38 haben 支配と sein 支配

◆ 完了形を作る場合，多くの動詞は完了の助動詞として haben を用いるが，次のような意味の自動詞は sein を用いる．

a) 移動を表す自動詞

gehen 行く　kommen 来る　fahren （乗り物で）行く　reisen 旅行する
einsteigen （乗り物に）乗る　aussteigen 降りる　など

b) 状態の変化・生起などを表す自動詞

aufstehen 起きる　einschlafen 寝入る　werden …になる
wachsen 成長する　passieren 起こる　sterben 死ぬ　など

c) その他

sein …である　bleiben とどまる　begegnen 出会う　など

練習 例にならって現在完了形の文を作りなさい．

例： wir / nach Wien fahren （ウィーンへ行く）
　　→ Wir sind nach Wien gefahren.　私たちはウィーンへ行った．

die Nachricht （その知らせ）/ kommen
meine Kollegen （私の同僚たち）/ nach Hause gehen （帰宅する）
ich / krank werden （病気になる）
meine Oma （私のおばあさん）/ noch im Urlaub bleiben （まだ休暇先にいる）

§39 過去完了形

> **haben / sein の過去形 …… 過去分詞（文末）**

◆ 過去完了形は，過去のある時点で既に完了していた事柄を表す．

Meine Familie **war** schon **losgefahren**, als ich aufwachte.
　　私が目覚めたとき，家族はもう出かけてしまっていた．

Tomo war sehr müde, weil er den ganzen Tag **durchgearbeitet hatte**.
　　一日中働き通したので，トモはすっかり疲れていた．

§40 完了不定詞

> 過去分詞＋**haben / sein** の不定詞

◆ 話法の助動詞（現在形）＋完了不定詞で完了した事柄についての推量や伝聞などが表せる．

Meine Tante ist noch nicht da. Sie **muss** den Zug **verpasst haben**.
  おばさんがまだ来ていない．列車に乗り遅れたにちがいない．

Herr Schmidt **soll** im Lotto viel Geld **gewonnen haben**.
  シュミットさんはナンバーくじで大金が当たったそうだ．

◆ 完了形の zu 不定詞句では，完了の助動詞 haben / sein の直前に zu を置く．

Der Schüler behauptet, krank **gewesen zu sein**.
  その生徒は病気だったと主張している．

Ich bereue nicht, die Stelle **gewechselt zu haben**.
  私は職場を変えたことを後悔していない．

Hans ist stolz darauf, die schwierige Prüfung **bestanden zu haben**.
  ハンスはその難しい試験に合格したことを誇りに思っている．

補足：未来完了形

- werden（現在形）＋完了不定詞で未来完了形になる．

- 未来完了形は，未来のある時点で完了していると予想される事柄を表す．
  In drei Tagen **werde** ich diesen Roman zu Ende **gelesen haben**.
    3日後には私はこの長編小説を読み終わっているだろう．

- 未来完了形の代わりに，現在完了形を用いて「未来のある時点での完了」を表すことも多い．
  In drei Tagen **habe** ich sicher diesen Roman zu Ende **gelesen**.
    3日後には私はきっとこの長編小説を読み終わっているよ．

- 未来完了形は，完了した事柄についての推量を表すこともある．
  Das Bier kommt immer noch nicht. Der Kellner **wird** uns wohl **vergessen haben**.
    ビールが相変わらずまだ来ない．ウェイターは私たちのことを忘れてしまったのだろう．

練習問題

I. （ ）内に適切な形の完了の助動詞を補って文を完成し，和訳しなさい．

1) Ich （   ） heute sehr gut geschlafen. Ich fühle mich wie neugeboren.

2) Lukas hat Kopfschmerzen. Er （   ） gestern zu einer Party gegangen und （   ） zu viel getrunken.

3) Kennt ihr euch schon? Wo （   ） ihr euch denn kennen gelernt?

4) Lukas und Sophie （   ） durch Italien gereist und （   ） dort viele Fotos gemacht.

5) Du （   ） dich so gut vorbereitet. Du brauchst also keine Angst zu haben.

6) Da wir heute sehr intensiv diskutiert （   ）, können wir schon jetzt Bier trinken gehen.

7) Eine Kollegin von mir musste ins Krankenhaus. Sie （   ） einfach viel zu viel gearbeitet.

8) Bereust du etwa, mit ihr Schluss gemacht zu （   ）? — Nein. Ich liebe die Freiheit.

9) Ich hoffe, ich werde dieses dicke Buch bald zu Ende gelesen （   ）.

10) Als wir am Bahnhof ankamen, （   ） unser Zug schon abgefahren.

II. ドイツ語で作文しなさい．（与えられた語を使い，足りない語は補うこと．）

1) 週末に僕はゾフィーとハイデルベルクに行ってきた．
　　fahren　Heidelberg　Wochenende

2) まず古城跡を見て，それからある小さなレストランでお昼を食べた．
　　besichtigen　klein　Restaurant　Schlossruine　zuerst　zu Mittag essen

3) そこで [僕たちは] 偶然ゾフィーの友達のアキコと会った．
　　dort　Freundin　treffen　zufällig

4) 午後は [僕たち] 3人でネッカー河沿いを散歩した．
　　Nachmittag　Neckar　spazieren gehen　zu dritt

5) 夕方はある有名なワイン酒場でおいしいワインを飲んだ．
　　Abend　berühmt　gut　trinken　Wein　Weinlokal

第 13 課　比較

> Für mich ist Deutschlernen viel wichtiger als mein Nebenjob.
> 私にとってはドイツ語学習の方がアルバイトよりもずっと大事だ．

§41　形容詞の比較変化

◆ 比較級は原級に -er をつけて，最上級は原級に -st をつけて作る．

原級	比較級	最上級
——	——**er**	——**st**

klein	小さい	kleiner	kleinst
schön	美しい	schöner	schönst
wenig	少ない	weniger	wenigst

▸ a, o, u を持つ 1 音節の形容詞はウムラウトするものが多い．

lang	長い	länger	längst	
jung	若い	jünger	jüngst	
groß	大きい	größer	größt	groß の最上級の語尾は -t となる．
hoch	高い	höher	höchst	hoch の比較級では c が脱落する．
nahe	近い	näher	nächst	nahe の最上級では c が入る．

▸ 不規則なものもある．

gut	よい	**besser**	**best**
viel	たくさんの	**mehr**	**meist**

▸ 発音の都合で最上級の語尾が -**est** となるものや，比較級で形容詞本体の e が脱落するものなどがある．

neu	新しい	neu**er**	neu**est**
alt	古い	ält**er**	ält**est**
kurz	短い	kürz**er**	kürz**est**
dunk**e**l	暗い	dunkl**er**	dunkelst
teu**e**r	高価な	teurer	teuerst

§42 付加語的用法

◆ 比較級・最上級の語尾の後に，原級の場合と同じように格語尾をつける．

der gute Wein	その良いワイン	（原級）
der bessere Wein	そのもっと良いワイン	（比較級）
der beste Wein	その最も良いワイン	（最上級）

◆ 比較級には mehr や weniger のように格語尾がつかないものもある．

Heute haben wir **mehr / weniger** Gäste als gestern.
きょうは昨日よりも客が多い / 少ない．

練習 それぞれの形容詞を比較級と最上級にしなさい．

das kleine Auto　小さい自動車　　die große Uhr　大きい時計
der alte Tempel　古い寺院　　　　die neuen Bücher　新しい本（複数）

§43 述語的用法

◆ **so＋原級＋wie**... で同程度の比較を表す．

Meine Schwester ist **so alt wie** dein Bruder.　私の姉は君のお兄さんと同じ年だ．
Mein Freund ist nicht **so alt wie** du.　私のボーイフレンドはあなたほど年を取っていない．

◆ 比較の対象は **als**... で表す．

Du bist **älter als** mein Freund.　あなたは私のボーイフレンドより年上です．

◆ 最上級の述語的用法には二つの形がある．

a) **am ―sten**
　Yui ist jetzt **am glücklichsten**.　　　　　ユイは今一番幸せだ．
　Bei uns ist es im Februar **am kältesten**.　私たちのところでは 2 月が一番寒い．

b) **der / die / das / die ―ste[n]**
　Yui ist **die glücklichste** von allen Frauen.　ユイはすべての女性のなかで一番幸せだ．
　Tomo ist **der glücklichste** von allen Vätern.　トモはすべての父親の中で一番幸せだ．

　▶ いくつかの中で「最も…である」という場合にはどちらの形も用いられる．ある条件のもとで「最も…である」という場合には am ―sten を用いる．

§44 副詞の比較変化

◆ 形容詞の比較変化と同じ．ただし最上級は am —sten となる．

oft	しばしば	öfter	am öftesten
bald	まもなく	eher	am ehesten
gern	好んで	lieber	am liebsten

Lukas trinkt gern Bier. ルーカスはビールが好きだ．
Sophie trinkt lieber Wein. ソフィーはワインの方が好きだ．
Was trinkst du am liebsten? 君は何が一番好きなの？

▶ 原級の場合と同じく，たいていの形容詞は副詞としても用いられる．

Johanna singt sehr schön. ヨハンナの歌はとてもすてきだ．
Alex singt noch schöner. アレックスの歌はもっとすてきだ．
Gabi singt am schönsten. ガービの歌が一番すてきだ．

補足：いろいろな比較表現

● **immer**＋比較級 「ますます…」
　Die Preise werden **immer höher**. 物価がますます高くなる．
　Wir haben **immer weniger** Arbeit. 私たちはますます仕事が減る．

● **je**＋比較級, **desto / um so**＋比較級 「…であるほど〜だ」
　Je reicher man wird, **desto geiziger** wird man. 金持ちになるほど人はけちになる．
　Je schneller man fährt, **um so größer** wird die Gefahr. 速く走るほど危険は大きくなる．

● 比較級には「比較的…」や「かなり…」という意味の用法もある．（絶対比較級）
　Seit **längerer** Zeit kommt sie nicht mehr. しばらく前から彼女はもう来ていない．

● 最上級には「非常に…」や「きわめて…」という意味の用法もある．（絶対最上級）
　Er ist in **höchster** Eile davongelaufen. 彼は大急ぎで逃げ出した．
　Man hat den Verbrecher **aufs strengste** bestraft. 人々はその犯罪者を非常に厳しく罰した．

練習問題

I. （ ）内の語を指示に従って比較変化させ，必要に応じて適切な語尾を補い，文を完成させ，和訳しなさい．

1) Ich suche ein (klein) und (leicht) Handy. Ich brauche auch einen (gut) Kopfhörer. （比較級に）

2) Die Lebensmittel werden (teuer) und (teuer). Das Leben wird immer (schwierig). （比較級に）

3) Manche Politiker sind viel (klug), als man denkt. （比較級に）

4) Ich gehe (gern) zu Fuß als mit dem Auto zu fahren. （比較級に）

5) Ein (alt) Herr bot der alten Frau seinen Platz an. （比較級に）

6) Johanna sucht immer den (kurz) Weg zum Ziel. （最上級に）

7) Wir studieren an der (alt) und (groß) Universität in Japan. （最上級に）

8) In unserer Familie isst Alex am (schnell) und am (viel). （最上級に）

9) Beim Fall der Berliner Mauer sagte ein Politiker: „Wir Deutschen sind jetzt das (glücklich) Volk auf der Welt." （最上級に）

10) Beim (leise) Geräusch wacht das Kind auf. （最上級に）

II. ドイツ語で作文しなさい．（与えられた語を使い，足りない語は補うこと．）

1) 私の母は父と同じ年です．［彼女は］背の高さも［彼と］同じです．
   alt groß Mutter Vater

2) 母は医師で，父よりもたくさん稼ぎます．でも父ほど上手く料理はできません．
   aber Ärztin gut kochen verdienen viel

3) 長く一緒にいればいるほど，両親はお互いを良く理解できるようになりました（現在形でよい）．
   Eltern gut lang verstehen zusammen sein

4) 父は最近太ったのでもっと幅広のズボンが必要です．
   brauchen Hose in letzter Zeit weil weit zunehmen

5) ベルリンはドイツで一番大きな都市ですが，東京よりだいぶ小さい．
   Berlin Deutschland groß klein Stadt viel

第 14 課　関係代名詞

> Der Film, den Lukas mir empfohlen hat, war gar nicht interessant.
> ルーカスが私に勧めてくれた映画は全然おもしろくなかった.

§45　定関係代名詞 der

◆ 定関係代名詞は，主文中の特定の名詞（＝先行詞）に関係文を結びつける.

Der Film, den er mir empfohlen hat, war gar nicht interessant.
< Der Film [den Film hat er mir empfohlen] war gar nicht interessant.

定関係代名詞 der の格変化

	男性単数	中性単数	女性単数	複数
1格	der	das	die	die
2格	**dessen**	**dessen**	**deren**	**deren**
3格	dem	dem	der	**denen**
4格	den	das	die	die

◆ 関係代名詞の性と数は先行詞と一致する.

Wo ist wohl **der Ring, den** er mir geschenkt hat?　　男性単数
　彼がプレゼントしてくれた指輪はどこに行ったのだろう.
Wo ist wohl **die Kette, die** er mir geschenkt hat?　　女性単数
　彼がプレゼントしてくれたネックレスはどこに行ったのだろう.
Wo ist wohl **das Foto, das** er mir geschenkt hat?　　中性単数
　彼がプレゼントしてくれた写真はどこに行ったのだろう.
Wo sind wohl **die Sandalen, die** er mir geschenkt hat?　　複数
　彼がプレゼントしてくれたサンダルはどこに行ったのだろう.

◆ 関係代名詞の格は関係文内の文法関係によって決まる.

Der Onkel, **der** uns nächste Woche besucht, ist Maler.　　1格
　おじ [(その人が) 私たちを来週訪ねてくる] は画家だ.
Der Onkel, **dessen** Frau Ärztin ist, ist Maler.　　2格
　おじ [(その人の) 妻が医者である] は画家だ.

Der Onkel, **dem** ich jetzt eine E-Mail schreibe, ist Maler.　　3 格
  おじ［(その人に) 私が今メールを書いている］は画家だ．
Der Onkel, **den** ich oft besuche, ist Maler.　　4 格
  おじ［(その人を) 私がよく訪ねて行く］は画家だ．
Der Onkel, **mit dem** ich oft telefoniere, ist Maler.　　前置詞＋3 格
  おじ［(その人と) 私がよく電話で話す］は画家だ．

◆ 関係文では，関係代名詞が先頭に置かれる．ただし前置詞は関係代名詞の前に置かれる．

◆ 関係文は副文なので，定動詞が最後に置かれる．

◆ 関係文は常にコンマで区切る．

練習　下線部の名詞を入れ替えて，文を書き換えなさい．
  1) Das ist der Fisch, der mir am besten schmeckt.
      die Wurst　das Fleisch　das Bier　der Wein　die Erdbeeren
  2) Das ist der interessanteste Roman, den ich je gelesen habe.
      die Novelle　das Drama　der Brief　das Gedicht　die Briefe

§46　不定関係代名詞 **wer** と **was**

◆ **wer…** 定動詞（後置）で，特定の人を指さずに「およそ…する人」という意味を表す用法がある．
  Wer viel verdient, muss hohe Steuern zahlen.
    たくさん稼ぐ人は高い税金を払わないといけない．

◆ **was…** 定動詞（後置）で，特定の名詞を先行詞とせずに「…すること」や「…するもの」という意味を表す用法がある．
  Was der Politiker gesagt hat, stimmt überhaupt nicht.
    あの政治家が言ったことは全然正しくない．

◆ このような wer（2 格 wessen，3 格 wem，4 格 wen）や was を不定関係代名詞と言う．

◆ 不定関係代名詞 was は，alles, etwas, nichts あるいは名詞的用法の形容詞（中性単数）などを先行詞とすることがある．
  Das ist **das Beste**, was ich jetzt tun kann.
    これが今わたしにできる最善のことです．

> **補足：指示代名詞 der**
>
> - der には人や事物を指し示す指示代名詞としての用法がある．
>   Kennst du **den** da vorne? — Ja, **den** kenne ich sehr gut.
>   前にいるあの男の人知っている？ — うん，あの人ならよく知っているよ．
> - 不定関係代名詞の関係文は，指示代名詞 der で指しなおすこともある．
>   Wen ich zuerst treffe, **den** will ich fragen.
>   私が最初に会う人，その人に私はたずねるつもりだ．
>   Wen ich zuerst treffe, **dem** will ich das Geld geben.
>   私が最初に会う人，その人に私はこのお金を上げるつもりだ．

§47 関係副詞

◆ **wo...** 定動詞（後置）には，場所や時を表す名詞にかかる関係文としての用法もある．この wo を関係副詞と言う．

Er verlässt jetzt Bonn, **wo** er drei Jahre studiert hat.
彼はいま，3年間大学に通ったボンを離れる．

練習問題

I. （ ）内に適切な関係代名詞，関係副詞を補い，全文を和訳しなさい．

1) Wer war überhaupt die Politikerin, (　　　) dein Vater das Geld gespendet hat?

2) Papa, was macht der alte Mann, (　　　) dort am Teich sitzt? — Er angelt.

3) Ich finde die Mappe nicht, (　　　) ich gestern gekauft habe.

4) Erinnerst du dich noch an das Lied, (　　　) wir in der Schule oft gesungen haben?

5) Der Zug, mit (　　　) meine Eltern kommen, kommt hier um 16.20 Uhr an.

6) Es sind meine Eltern, (　　　) mir in der Not helfen.

7) Stefan fliegt oft nach Südamerika, (　　　) er eine Fabrik besitzt.

8) Vieles, (　　　) Paul sagt, entspricht nicht immer den Tatsachen.

9) (　　　) nicht arbeiten will, der soll nicht essen. (Sprichwort)

10) (　　　) man nicht weiß, macht einen nicht heiß. (Sprichwort)

- 6) の es ist / sind ～, 関係代名詞 ... は「…するのは～だ」という強調構文．

II. ドイツ語で作文しなさい．（与えられた語を使い，足りない語は補うこと．）

1) トモは僕を見捨てなかったただ一人の友だ．
   einzig　Freund　im Stich lassen

2) 僕が助けてあげたおばあさんは僕に感謝して深々とお辞儀をした．
   alt　danken　Frau　helfen　tief　verbeugen

3) 3年前に買ったズボンが僕にはもう合わない．
   Hose　Jahr　kaufen　nicht mehr　passen

4) シュテファンはかつて3年間暮らしたことのある町を訪れた．
   besuchen　Jahr　leben　Stadt　Stefan

5) いつも嘘をついてばかりいる人の言うことは信用されない．
   glauben　immer　lügen　man

第 15 課　受動文

> Der Mann wurde ins Krankenhaus gebracht und sofort operiert.
> その男は病院へ運ばれてすぐに手術を受けた．

§48　受動文

◆ 受動文は本動詞の過去分詞と werden を組み合わせて作る．

◆ 現在形と過去形

> **werden** の現在形 / 過去形 …… 過去分詞（文末）

Der Mann **wird** ins Krankenhaus **gebracht**.
Der Mann **wurde** ins Krankenhaus **gebracht**.

➤ 副文では「過去分詞 — werden（文末）」という語順になる．
　Ich habe gehört, dass der Mann ins Krankenhaus **gebracht wurde**.

【練習】例にならい，下の各主語について現在形と過去形の受動文を作りなさい．
　immer loben （いつもほめる）　fristlos entlassen （即時に解雇する）
　⇒ ich　du　Lukas　Anna　wir　ihr　Lukas und Anna　Sie
　例：Ich werde immer gelobt. Du wirst ….
　　　Ich wurde immer gelobt. Du wurdest ….

◆ 現在完了形と過去完了形

> **sein** の現在形 / 過去形 …… 過去分詞＋**worden**（文末）

Das Problem **ist** schon **gelöst worden**.　（現在完了形）その問題はすでに解決された．
Das Problem **war** schon **gelöst worden**.　（過去完了形）その問題はすでに解決されていた．

➤ 受動の助動詞 werden の過去分詞は worden となる（ge- がつかない）．
➤ 副文では「過去分詞 — worden — sein（文末）」という語順になる．
　Peter glaubt, dass das Problem schon **gelöst worden ist.**

練習 例にならい「もう…された」という現在完了形の受動文を作りなさい．

例： das Auto waschen ⇒ Das Auto ist schon gewaschen worden.
das Geschirr spülen（食器を洗う） den Motor reparieren（エンジンを修理する）
die Aufgabe machen（課題をする） den Termin festlegen（日時を決める）
- 日本語では受身にせずに，「車はもう洗った」とする方が自然な表現になる．

§49 能動文と受動文

◆ 受動文の主語（1 格）は能動文の 4 格目的語に対応する．

Dieser Schüler wird immer gelobt. この生徒はいつもほめられる．
Der Lehrer lobt immer **diesen Schüler**. 先生はいつもこの生徒をほめる．

◆ 「行為の主体」は必要に応じて [von + 3 格] で表される．

Dieser Schüler wird **von allen Lehrern** gelobt. この生徒はすべての先生からほめられる．

  ▷ 「手段」や「原因」の表示には [durch + 4 格] が用いられる．
  Im Krieg wurden viele Gebäude **durch Bomben** zerstört.
   戦争では多くの建物が爆弾によって破壊された．
  ▷ 受動文は「行為の主体」（誰が…するか）よりも「行為の対象」（誰を／何を…するか）に重点を置いた表現なので，「行為の主体」は表されないことが多い．

補足：自動詞の受動文

● 受動文の主語になるのは，対応する能動文の 4 格目的語だけである．したがって，自動詞（＝ 4 格目的語をとらない動詞）の受動文は，主語のない文になる．定形は 3 人称単数になる．

  Heute wird nicht gearbeitet. きょうは仕事がない．（＜ 仕事が行われない）
  Hier wird nicht fotografiert. ここは撮影禁止です．（＜ 撮影がされない）

● 3 格目的語は受動文でも 3 格のままで，主語（＝ 1 格）にはならない．

  Ihr wird immer von ihrer Mutter geholfen. 彼女はいつもお母さんに手伝ってもらう．
   参照：Ihre Mutter hilft **ihr** immer. 彼女のお母さんはいつも彼女を手伝う．

● 自動詞の受動文では文頭に es が置かれることがある．

  Es wird heute nicht gearbeitet. きょうは仕事がない．
   ▷ 自動詞の受動文は「行為の主体」や「行為の対象」ではなく「行為そのもの」に目を向けた表現である．

§50 受動不定詞

> 過去分詞＋**werden** の不定詞

◆ 受動不定詞と話法の助動詞の組合せ

Er **muss** sofort **operiert werden**.　　彼はすぐに手術を受けなければならない．
Er **musste** sofort **operiert werden**.　　彼はすぐに手術を受けなければならなかった．
　➢ 副文での語順は「受動不定詞 ― 話法の助動詞（文末）」となる．
　Ich glaube, dass er sofort **operiert werden muss**.
　　私は彼がすぐに手術を受けなければならないと思う．

◆ 受動態の zu 不定詞句では，受動の助動詞 werden の直前に zu を置く．
Der Patient braucht nicht **operiert zu werden**.　　患者は手術を受ける必要がない．

§51 状態受動

◆ 他動詞の過去分詞と sein で「…されている」という結果の状態を表す状態受動になる．

Die Tür ist geöffnet.　　ドアが開いている．（＝開けられた状態）
比較： Die Tür wird geöffnet.　　ドアが開けられる．（＝開ける動作）
　➢ 過去分詞と werden で作る受動文を，状態受動と区別するために「動作受動」と呼ぶこともある．

補足：未来形の受動文・sein ＋ zu 不定詞

● werden の現在形と受動不定詞で未来形の受動文になる．
　Thomas **wird** bald **operiert werden**.　　トーマスはまもなく手術を受けるだろう．
　　➢ 副文での語順は「受動不定詞 ― werden の現在形（文末）」となる．
　　Thomas glaubt, dass er bald **operiert werden wird**.
　　　トーマスはまもなく手術を受けるだろうと思っている．
● sein＋zu 不定詞で「受動＋可能」や「受動＋必要」などの意味を表すことができる．
　Dieses Problem **ist** leicht **zu lösen**.　　この問題は簡単に解決できる．
　Diese Hinweise **sind** unbedingt **zu beachten**.　　この指示は絶対に守らねばならない．

練習問題

I. 受動文に書き改め，和訳しなさい．

1) Viele Touristen besuchen dieses Museum.
2) Dieses Gerät verbessert die Luft im Zimmer.
3) Eine junge Ärztin hat meine Mutter untersucht.
4) Auch in Österreich spricht man Deutsch.
5) Die Professorin konnte den Studenten nicht mehr retten.

II. 和訳しなさい．

1) Das Visum kann nicht so schnell ausgestellt werden.
2) Herr Müller muss noch einmal operiert werden.
3) Alex versuchte, nicht für einen arroganten Menschen gehalten zu werden.
4) Bei uns wird jeden Tag um sechs Uhr gefrühstückt.
5) Das Auto ist repariert, die Wohnung ist aufgeräumt, die Koffer sind gepackt. Jetzt geht's los.

III. ドイツ語で受動文を作りなさい．（与えられた語を使い，足りない語は補うこと．）

1) そのサッカーの試合（複数形で）は生中継された．
　　Fußballspiel　live　übertragen

2) この通りは有名な詩人の名をとって名づけられた．
　　benennen　berühmt　Dichter　nach　Straße

3) この部屋は3年前からもう使われていない．
　　benutzen　Jahr　seit　Zimmer

4) きのう映画館の前で私の自転車が盗まれた．
　　Fahrrad　gestern　Kino　vor　stehlen

5) この教会の中で写真を撮ってはいけない．
　　dürfen　Kirche　fotografieren

第 16 課　接続法―非現実の表現

> Wenn ich Geld hätte, würde ich eine Weltreise machen.
> 私にお金があれば世界旅行をするだろう．

◆ 動詞の人称変化にはこれまでに学んだ「（直説法）現在形」と「（直説法）過去形」の他に「接続法」と呼ばれる人称変化がある．

◆ 接続法には**第 1 式**と**第 2 式**という二つの形があるが，ここでは接続法第 2 式を使って仮定のことがらや現実とは異なることがらを表す方法を学ぶ．

§52　接続法第 2 式の人称変化

◆ 接続法第 2 式の作り方は規則動詞（弱変化）と不規則動詞（強変化・混合変化）とで異なる．

① 規則動詞：直説法過去形と同じ形を接続法第 2 式としても用いる．
② 不規則動詞：過去基本形に -e をつけ，幹母音に a, o, u があればウムラウトさせて基本形とし，これに下表の人称語尾をつける．

不定詞		kommen	sein	haben	werden
過去基本形		kam	war	hatte	wurde
接2基本形		**käme**	**wäre**	**hätte**	**würde**
ich	―	käme	wäre	hätte	würde
du	―st	kämest	wär[e]st	hättest	würdest
er	―	käme	wäre	hätte	würde
wir	―n	kämen	wären	hätten	würden
ihr	―t	kämet	wär[e]t	hättet	würdet
sie	―n	kämen	wären	hätten	würden

◆ **würde＋不定詞**を接続法の代わりに用いることも多い．

　ich **würde** zu ihm **gehen** ＝ ich **ginge** zu ihm

[練習] 次の動詞を接続法第 2 式で人称変化させなさい．

　geben　denken　wissen　können　müssen　sollen

§53 非現実話法

◆ 非現実話法は，「もし…ならば，〜だろう」というように，現実とは異なることを仮定し，その帰結を表現する．非現実話法には接続法第2式を用いる．

Wenn Lukas Zeit **hätte**, **würde** er sicher **mitkommen**.
　　もしルーカスに時間があれば，きっと一緒に来るだろう．

◆ 「もし…ならば，〜だろう」ではなく「もし（あの時）…だったら，〜だっただろう」のように，過去の事実に反することを表す場合は本動詞の過去分詞と haben / sein の接続法第2式を組み合わせて表す．

Wenn Lukas Zeit **gehabt hätte**, **wäre** er sicher **mitgekommen**.
　　もしルーカスに時間があったら，きっと一緒に来ただろう．（＝過去のこと）

練習 例にならって「もし…ならば，〜だろう」という意味の文を作りなさい．

例： Geld haben — eine Weltreise machen
⇒ Wenn ich Geld hätte, würde ich eine Weltreise machen.
　　お金があれば世界旅行をするだろう．

1) Zeit haben — zur Party gehen　　2) ein Lehrer sein — keinen Test machen
3) ein Auto haben — dich abholen　　4) ledig sein — dich heiraten

◆ 非現実話法の文が常に「もし…ならば」と「〜だろう」の両方を揃えているとは限らない．

① 仮定の部分だけで「願望」などを表す．（doch や nur を伴うことが多い）
Wenn ich doch ein größeres Zimmer **hätte**!
　　もっと大きい部屋があればなあ．
Wenn du nur bei mir **wärest**!
　　君が僕の（あなたが私の）そばにいてくれさえすればなあ．

② 仮定の部分が wenn …という副文の形になっていない表現．
Ohne deine Hilfe wäre es nicht möglich gewesen.
　　君の手助けがなかったらそれは不可能だっただろう．
An seiner Stelle hätte ich so etwas nicht gesagt.
　　彼の立場だったら私はそんなことは言わなかっただろう．

▶ 定動詞を主語の前に置いて（＝決定疑問文と同じ語順で）「もし…ならば」という仮定を表すこともできる．
Hätte ich Zeit und Geld, … = Wenn ich Zeit und Geld hätte, …
　　もし時間とお金があれば，…

◆ **beinahe** や **um ein Haar** などと接続法第 2 式過去で「あやうく…するところだった」という意味を表す．

    Ich **hätte beinahe** einen Unfall **verursacht**!
        私はあやうく事故を起こすところだった．
    Um ein Haar hätte ich den wichtigen Termin **vergessen**!
        もう少しで大事なアポイントメントを忘れるところだったよ．

◆ 話法の助動詞と **haben** の接続法第 2 式の組み合わせで「…できたのに」「…するべきだった」などの後悔や非難を表すことができる．

    Du **hättest** mich **anrufen können**!
        あなたは私に電話をしてくれることもできたのに．
    Ich **hätte** für die Prüfung noch mehr **lernen sollen**.
        ［私は］試験のためにもっとたくさん勉強しておくべきだった．

◆ **als ob** ... で「まるで…かのように」という意味を表す．

    Anna tut, **als ob** sie nichts davon wüsste.　　アンナはそのことは何も知らないかのように振舞う．
    ▶ ［als ob ...定動詞（文末）］のほかに，［als＋定動詞 ...］も同じ意味で使える．
       Anna tut, **als wüsste** sie nichts davon.

§54　外交的接続法

◆ 必ずしも事実に反するわけではなくても，「頼みごと」などを控えめに述べるために接続法第 2 式が用いられることがある．

    Ich **hätte** eine Frage.　　質問があるのですが．
    Ich **hätte gerne** ein Glas Wein.　　ワインを一杯お願いします．
    Es **wäre** schön, wenn du mitfahren **könntest**.　　一緒に行ってくれるといいんだけどなあ．
    Würden Sie mir das bitte erklären?　　それを私に説明していただけませんでしょうか．
    Könntest du mir helfen?　　手伝ってもらえないかな．
    Du **solltest** mal zum Arzt gehen.　　［君は］一度医者に行くべきだと思うよ．

練習問題

I. 和訳しなさい.

1) Wenn ich Bürgermeister wäre, würde ich ein neues Fußballstadion bauen.

2) Er hätte am Ausflug teilgenommen, wenn er nicht krank gewesen wäre.

3) Was würdest du machen, wenn du dein Leben noch einmal leben könntest?

4) Alex, würdest du mir bitte helfen, die Hausaufgaben zu machen?

5) Frau Kuroda, unsere Deutschlehrerin, spricht Deutsch so, als wäre sie eine Deutsche.

6) Hättest du nicht Lust, einmal möglichst viel zu essen, ohne an die Folgen zu denken?

7) Wenn Lukas nicht nach Japan gereist wäre, würde sein Leben jetzt ganz anders aussehen.

8) Ohne Ihre finanzielle Unterstützung hätten wir das nicht geschafft.

9) Johanna sah mich an, als ob sie mich nicht verstanden hätte.

10) Um ein Haar wäre das Kind von einem Auto angefahren worden.

II. 接続法第2式を使い，ドイツ語で作文しなさい．（与えられた語を使い，足りない語は補うこと．）

1) ［あなたに］ひとつお願いがあるのですが．
    Bitte

2) いま雨が降っていなければ，［私は］散歩をするのだが．
    jetzt   regnen   spazieren gehen

3) きのう雨が降っていなければ，［私は］散歩をしたのだが．
    gestern

4) 両親の忠告に従っていたらなあ．
    auf   doch   Eltern   hören   Rat

5) 彼はまるで病気であるかのようだ．
    aussehen   krank

ステップアップのための補足

I 語句の配列

a. ドイツ語の文を作るときは原則として以下の手順で考えるのが便利．

① 日本語と同じ順序で文の成分を並べる．

ルーカスは / 今 / 時計を / 壁に / 掛ける
Lukas / jetzt / die Uhr / an die Wand / hängen

② 平叙文の場合，右端にある動詞を定形にして第二位に置く．

Lukas hängt jetzt die Uhr an die Wand.（hängen）

③ 決定疑問文の場合，右端にある動詞・助動詞を定形にして文頭に置く．

Hängt Lukas jetzt die Uhr an die Wand?（hängen）

b. 助動詞を含む文も同様に考える．

私は　　　毎日　　7時に　　　　起き　　なければならない
Ich muss jeden Tag um sieben Uhr aufstehen.（müssen）

c. 完了形と助動詞の組み合わせなども同様に考えることができる．

① 主文の平叙文の場合，右端にある助動詞を定形にして第二位に置く。

おばは　　　　　　　列車に　乗り遅れ・た（完了形）　にちがいない
Meine Tante muss den Zug verpasst haben.（müssen）

② 副文の場合，右端にある助動詞を定形にして文末に据え置く。

Ich glaube, dass meine Tante den Zug verpasst haben muss.

d. 時間や空間を表す語句はおおよそ「時間―原因・理由―様態―空間（方向）」という順に並べられる傾向がある。

Er ist gestern deshalb allein nach Osaka gefahren.

彼は昨日（時）それゆえ（原因）一人で（様態）大阪へ（方向）行った。

e. 旧い情報は前に，新しい情報は後ろに置かれる傾向がある。

Was hast du deiner Freundin geschenkt?
　　— Ich habe ihr(旧) ein schönes Buch(新) geschenkt.

何をガールフレンドに贈ったの？ —（彼女に）素敵な本を贈ったんだよ。

Wem hast du das schöne Buch geschenkt?
　　— Ich habe es(旧) meiner Freundin(新) geschenkt.

誰にその素敵な本を贈ったの？ —（それを）僕のガールフレンドに贈ったんだよ。

Ⅱ 指示代名詞・不定代名詞など

a. 指示代名詞 der/das/die
- der には人や事物を指し示す指示代名詞としての用法がある．
  Kennst du **den** da?　あそこにいるあの男の人知っている？
  Kennst du **die** da?　あそこにいるあの女の人知ってる？
  Genau **das** wollte ich sagen.　まさにそのことを私は言いたかったのです．

b. 不定代名詞 einer, welch-
- einer (ein[e]s, eine) には「ひとり」「ひとつ」「誰か」という意味の用法がある．
  Hast du ein Fahrrad? — Ja, ich habe **eins**.　自転車持っている？ — うん，(一台) 持っているよ．
  Sie ist **eine** der begabtesten Pianistinnen.　彼女は最も才能あるピアニストの一人だ．
- 不定代名詞としての ein- は dieser 型の語尾をとる．
  Einer von uns muss hier bleiben.　私たちの内の一人はここに残らないといけない．
  Hast du ein englisches Wörterbuch? — Ja, ich habe **eins**.
  　英語の辞書を持ってる？ — うん，一冊あるよ．
- 不可算名詞や複数形には welch- を用いる．
  Hast du Briefmarken? — Ja, ich habe **welche**.　切手ある？ — うん，[何枚か] あるよ．
  Sind alle schon da? Oder fehlen noch **welche**?　もう全員いるか？ まだ何人か来ていないか？

c. その他の代名詞
- 一般に冠詞類には代名詞としての用法もある．代名詞として用いられる場合，mein, dein, kein などの不定冠詞類も dieser 型の格変化をする．

  dieser　　Welches Kleid gefällt dir? — **Dieses** hier gefällt mir.
  　　　　　　　どのワンピースが気に入った？ — ここのこれが気に入った．
  welch-　　Kennen Sie die junge Dame dort? — **Welche** meinen Sie?
  　　　　　　　あそこの若い女の人を知ってますか？ — どの女の人のことを言っているんですか？
  all-　　　**Alle** haben das gewusst.　みんな (全ての人) がそれを知っていた．
  　　　　　　　Ich habe **alles** verstanden.　私は全部 (全てのこと) わかった．
  jeder　　　Hier kennt **jeder jeden**.　ここでは誰もが知り合いだ．
  derselbe　Er ist immer noch **derselbe**.　彼はいまだに変わっていない．
  　　　　　　　Du sagst immer **dasselbe**.　お前はいつも同じことを言う．
  mein-, dein- ...
  　　　　　　　Das ist nicht dein Mantel, sondern **meiner**.　これは君のコートじゃなくて僕のだよ．
  　　　　　　　Das ist nicht mein Glas, sondern **deins/deines**.
  　　　　　　　　これは僕のグラスじゃなくて君のだよ．
  kein-　　　**Keiner** hat mir geholfen.　誰も私を手伝ってくれなかった．
  　　　　　　　Ich kenne **keine** von diesen Frauen.　この女性たちの中に私の知り合いはいない．

Ⅲ 現在分詞と過去分詞の用法

> 現在分詞＝語幹＋**-end**

➢ 不定形が –eln / –ern で終わる動詞の現在分詞は –elnd/ –ernd となる．

・現在分詞は「…している」「…しつつある」という意味を表す．英語の現在進行形に当たる用法はない．

・過去分詞（⇒§35）は完了形や受動態に用いられる他に，「…される・された」という受動的な意味や，「…した」という完了の意味を表す．

a. 付加語的用法：形容詞と同じ格語尾をつけて名詞を修飾する．
   das schlafende Kind　眠っている子供（< schlafen 眠る）
   ein gekochtes Ei　ゆで卵（< kochen ゆでる）
   die vergangenen Tage　過ぎ去った日々（< vergehen 過ぎ去る）
   ➢ das **auf dem Sofa** schlafende Kind（ソファーで眠っている子供）のように，分詞にかかる語句などが分詞の前に置かれることがよくある．

b. 副詞的用法：動詞が表す動作などを修飾する．
   Hanna grüßt lächelnd den Gast.　ハンナは微笑みながら客に挨拶する．（< lächeln 微笑む）
   Karl ging beruhigt ins Bett.　カールはほっとして床についた．（< beruhigen 安心させる）

c. 名詞的用法：格語尾をつけ，名詞として用いる．（⇒§34）
   Die Reisende ist krank geworden.　その旅行者（女性）は病気になった．（< reisen 旅行する）
   Der Angeklagte wurde vernommen.　被告人は尋問された．（< anklagen 告訴する）
   ➢ 過去分詞にはこの他に kurz gesagt（手短に言えば）や offen gestanden（正直に言えば < gestehen 白状する）のような用法がある．

Ⅳ 接続法第1式と間接話法・要求話法

a. 接続法第1式の人称変化：基本形（語幹＋e）に下表の人称語尾をつける．

不定詞		kommen	sein	haben	werden
接1基本形		komme	sei	habe	werde
ich	—	komme	**sei**	habe	werde
du	—st	kommest	**sei[e]st**	habest	werdest
er	—	**komme**	**sei**	**habe**	**werde**
wir	—n	kommen	**seien**	haben	werden
ihr	—t	kommet	**seiet**	habet	werdet
sie	—n	kommen	**seien**	haben	werden

> sein だけは 1 人称単数と 3 人称単数が語尾の付かない形になる.
> 初級段階で最も重要なのは 3 人称単数および sein の変化形である.

b. 間接話法

・自分の態度は保留して，他人の発言内容を取り次ぐ言い方では，発言内容を表す文の定動詞を接続法にするのが基本である.
・間接話法には原則として接続法第 1 式を用いる.
   Peter sagte, sein Freund **komme** morgen zu ihm.
      ペーターは，友達が明日自分のところへ来ると言った.
・間接話法には接続法第 2 式を用いることも多い.
   Peter sagte, seine Freunde **kämen** morgen zu ihm.
      ペーターは，友達（複数）が明日自分のところへ来ると言った.
・「…だと言う・言った」ではなく「…だったと言う・言った」のように，発言内容（…だった）が主文の行為（言う・言った）より以前にある場合は，本動詞の過去分詞と haben/sein の接続法を組み合わせる.
   Peter sagte, er **habe** sich ein Auto **gekauft**.　ペーターは［車を買った］と言った.
   Petra sagt, sie **sei** krank **gewesen**.　ペトラは［病気だった］と言う.
・発言内容だけでなく思考の内容にも間接話法が用いられることがある.
   Damals glaubte man, die Sonne **laufe** um die Erde.
   当時人々は，太陽が地球のまわりを回っているのだと思っていた.

c. 要求話法

・接続法第 1 式には願望（「…であれ！」）や要求（「するように！」）を表す用法がある. これを要求話法という.
   Jeder **tue** sein Bestes.　各々ベストを尽くすように.
   Singen wir zusammen!　一緒に歌おう.

> Sie に対する命令形も正確に言えば要求話法である.
   Seien Sie bitte vernünftig!　理性的でいてください.

> 要求話法は日常的なドイツ語では慣用句以外あまり使われない.
   Gott sei Dank!　やれやれ／ありがたいことだ.

付録　数詞

基数

0	null	10	zehn				
1	eins	11	elf			21	einundzwanzig
2	zwei	12	zwölf	20	zwanzig	22	zweiundzwanzig
3	drei	13	dreizehn	30	dreißig	23	dreiundzwanzig
4	vier	14	vierzehn	40	vierzig	24	vierundzwanzig
5	fünf	15	fünfzehn	50	fünfzig	25	fünfundzwanzig
6	sechs	16	sechzehn	60	sechzig	26	sechsundzwanzig
7	sieben	17	siebzehn	70	siebzig	27	siebenundzwanzig
8	acht	18	achtzehn	80	achtzig	28	achtundzwanzig
9	neun	19	neunzehn	90	neunzig	29	neunundzwanzig

```
            100  [ein]hundert              1 000 000  eine Million
          1 000  [ein]tausend             10 000 000  zehn Millionen
         10 000  zehntausend           1 000 000 000  eine Milliarde
        100 000  hunderttausend    1 000 000 000 000  eine Billion
```

➤ 1 は語末のときは eins と読み，語末以外では ein と読む．

1997　[ein]tausendneunhundertsiebenundneunzig
1997　neunzehnhundertsiebenundneunzig（西暦年数）
2018　zweitausendachtzehn　（西暦年数も）

序数

		10.	zehnt				
1.	erst	11.	elft			21.	einundzwanzigst
2.	zweit	12.	zwölft	20.	zwanzigst	22.	zweiundzwanzigst
3.	dritt	13.	dreizehnt	30.	dreißigst	23.	dreiundzwanzigst
4.	viert	14.	vierzehnt	40.	vierzigst	24.	vierundzwanzigst
5.	fünft	15.	fünfzehnt	50.	fünfzigst	25.	fünfundzwanzigst
6.	sechst	16.	sechzehnt	60.	sechzigst	26.	sechsundzwanzigst
7.	sieb[en]t	17.	siebzehnt	70.	siebzigst	27.	siebenundzwanzigst
8.	acht	18.	achtzehnt	80.	achtzigst	28.	achtundzwanzigst
9.	neunt	19.	neunzehnt	90.	neunzigst	29.	neunundzwanzigst

➤ 1 から 19 は基数に -t をつける．ただし 1, 3, 8 は例外．20 以上は基数に -st をつける．

分数

$\frac{1}{2}$ 以外は，分子には**基数**を，分母には**序数**+**el** の形を用いる．

$\frac{1}{2}$ [ein] halb, die Hälfte　　$\frac{3}{4}$ drei Viertel

$\frac{1}{3}$ ein Drittel　　$1\frac{1}{2}$ ein[und]einhalb, anderthalb

$\frac{1}{4}$ ein Viertel　　$2\frac{4}{5}$ zwei [und] vier Fünftel

時刻の表し方

Wie viel Uhr ist es?

Wie spät ist es?　　　　　　Es ist ein Uhr/eins.

何時ですか．　　　　　　　　1時です．

公式（24時間制）　　　　　　　　　日常語（12時間制）

6.00 Uhr	sechs Uhr	sechs [Uhr]
6.05 Uhr	sechs Uhr fünf	fünf [Minuten] nach sechs
6.15 Uhr	sechs Uhr fünfzehn	[ein] Viertel nach sechs / Viertel sieben
6.20 Uhr	sechs Uhr zwanzig	zwanzig nach sechs / zehn vor halb sieben
6.25 Uhr	sechs Uhr fünfundzwanzig	fünf vor halb sieben
6.30 Uhr	sechs Uhr dreißig	halb sieben
6.35 Uhr	sechs Uhr fünfunddreißig	fünf nach halb sieben
6.40 Uhr	sechs Uhr vierzig	zehn nach halb sieben / zwanzig vor sieben
6.45 Uhr	sechs Uhr fünfundvierzig	[ein] Viertel vor sieben / drei Viertel sieben
6.55 Uhr	sechs Uhr fünfundfünfzig	fünf vor sieben
7.00 Uhr	sieben Uhr	sieben [Uhr]
14.30 Uhr	vierzehn Uhr dreißig	halb drei [nachmittags]
21.45 Uhr	einundzwanzig Uhr fünfundvierzig	[ein] Viertel vor zehn / drei Viertel zehn [abends]
0.40 Uhr	null Uhr vierzig	zehn nach halb eins / zwanzig vor eins [nachts]

➢ ふつう，日常の話しことばでは 12 時間制，公式な時刻表示では 24 時間制をとる．

おもな不規則動詞の変化表

不定詞	直説法現在	直説法過去	接続法第2式	過去分詞
beginnen 始める, 始まる		**begann**	begänne (begönne)	**begonnen**
bieten 提供する		**bot**	böte	**geboten**
binden 結ぶ		**band**	bände	**gebunden**
bitten 頼む		**bat**	bäte	**gebeten**
bleiben とどまる		**blieb**	bliebe	**geblieben**
brechen 破る	*du* brichst *er* bricht	**brach**	bräche	**gebrochen**
bringen もたらす		**brachte**	brächte	**gebracht**
denken 考える		**dachte**	dächte	**gedacht**
dürfen ～してもよい	*ich* darf *du* darfst *er* darf	**durfte**	**dürfte**	**gedurft** (dürfen)
essen 食べる	*du* isst *er* isst	**aß**	äße	**gegessen**
fahren (乗り物で) 行く	*du* fährst *er* fährt	**fuhr**	führe	**gefahren**
fallen 落ちる	*du* fällst *er* fällt	**fiel**	fiele	**gefallen**
fangen 捕まえる	*du* fängst *er* fängt	**fing**	finge	**gefangen**
finden 見つける		**fand**	fände	**gefunden**
fliegen 飛ぶ		**flog**	flöge	**geflogen**
geben 与える	*du* gibst *er* gibt	**gab**	**gäbe**	**gegeben**
gehen 行く		**ging**	ginge	**gegangen**
gelingen うまくいく		**gelang**	gelänge	**gelungen**
genießen 楽しむ		**genoss**	genösse	**genossen**

➤ 接続法第2式は太字の語以外は現代ドイツ語ではあまり用いられない.

不定詞	直説法現在	直説法過去	接続法第2式	過去分詞
geschehen 起こる	*es* geschieht	**geschah**	geschähe	**geschehen**
gewinnen 得る		**gewann**	gewänne (gewönne)	**gewonnen**
graben 掘る	*du* gräbst *er* gräbt	**grub**	grübe	**gegraben**
greifen つかむ		**griff**	griffe	**gegriffen**
haben 持っている	*du* hast *er* hat	**hatte**	**hätte**	**gehabt**
halten つかんでいる	*du* hältst *er* hält	**hielt**	hielte	**gehalten**
hängen かかっている		**hing**	hinge	**gehangen**
heißen 〜と呼ばれる		**hieß**	hieße	**geheißen**
helfen 助ける	*du* hilfst *er* hilft	**half**	hülfe (hälfe)	**geholfen**
kennen 知る		**kannte**	kennte	**gekannt**
kommen 来る		**kam**	käme	**gekommen**
können 〜できる	*ich* kann *du* kannst *er* kann	**konnte**	könnte	**gekonnt** (**können**)
laden 積む	*du* lädst *er* lädt	**lud**	lüde	**geladen**
lassen 〜させる	*du* lässt *er* lässt	**ließ**	**ließe**	**gelassen**
laufen 走る	*du* läufst *er* läuft	**lief**	liefe	**gelaufen**
lesen 読む	*du* liest *er* liest	**las**	läse	**gelesen**
liegen 横たわっている		**lag**	läge	**gelegen**
mögen 好きである 〜かもしれない	*ich* mag *du* magst *er* mag	**mochte**	**möchte**	**gemocht** (**mögen**)
müssen 〜しなければならない	*ich* muss *du* musst *er* muss	**musste**	**müsste**	**gemusst** (**müssen**)
nehmen 取る	*du* nimmst *er* nimmt	**nahm**	nähme	**genommen**

不定詞	直説法現在	直説法過去	接続法第2式	過去分詞
nennen 名を言う		**nannte**	nennte	**genannt**
raten 助言する	*du* rätst *er* rät	**riet**	riete	**geraten**
reiten 馬に乗る		**ritt**	ritte	**geritten**
rufen 呼ぶ		**rief**	riefe	**gerufen**
scheinen 〜に見える，輝く		**schien**	schiene	**geschienen**
schlafen 眠っている	*du* schläfst *er* schläft	**schlief**	schliefe	**geschlafen**
schlagen 打つ	*du* schlägst *er* schlägt	**schlug**	schlüge	**geschlagen**
schließen 閉じる		**schloss**	schlösse	**geschlossen**
schneiden 切る		**schnitt**	schnitte	**geschnitten**
schreiben 書く		**schrieb**	schriebe	**geschrieben**
schreien 叫ぶ		**schrie**	schriee	**geschrie[e]n**
schweigen 黙る		**schwieg**	schwiege	**geschwiegen**
schwimmen 泳ぐ		**schwamm**	schwömme (schwämme)	**geschwommen**
sehen 見る	*du* siehst *er* sieht	**sah**	sähe	**gesehen**
sein 〜である	*ich* bin *du* bist *er* ist	**war**	**wäre**	**gewesen**
singen 歌う		**sang**	sänge	**gesungen**
sinken 沈む		**sank**	sänke	**gesunken**
sitzen すわっている		**saß**	säße	**gesessen**
sollen 〜すべきである	*ich* soll *du* sollst *er* soll	**sollte**	**sollte**	**gesollt** (sollen)
sprechen 話す	*du* sprichst *er* spricht	**sprach**	spräche	**gesprochen**

不定詞	直説法現在	直説法過去	接続法第2式	過去分詞
stehen 立っている		**stand**	stünde (stände)	**gestanden**
steigen 登る		**stieg**	stiege	**gestiegen**
sterben 死ぬ	*du* stirbst *er* stirbt	**starb**	stürbe	**gestorben**
tragen 運ぶ	*du* trägst *er* trägt	**trug**	trüge	**getragen**
treffen 出会う	*du* triffst *er* trifft	**traf**	träfe	**getroffen**
treiben 追う		**trieb**	triebe	**getrieben**
treten 歩む	*du* trittst *er* tritt	**trat**	träte	**getreten**
trinken 飲む		**trank**	tränke	**getrunken**
tun する		**tat**	täte	**getan**
vergessen 忘れる	*du* vergisst *er* vergisst	**vergaß**	vergäße	**vergessen**
verlieren 失う		**verlor**	verlöre	**verloren**
verschwinden 消える		**verschwand**	verschwände	**verschwunden**
wachsen 成長する	*du* wächst *er* wächst	**wuchs**	wüchse	**gewachsen**
waschen 洗う	*du* wäschst *er* wäscht	**wusch**	wüsche	**gewaschen**
wenden 向ける		**wandte**	wendete	**gewandt**
werden 〜になる	*du* wirst *er* wird	**wurde**	**würde**	**geworden**
werfen 投げる	*du* wirfst *er* wirft	**warf**	würfe	**geworfen**
wissen 知っている	*ich* weiß *du* weißt *er* weiß	**wusste**	**wüsste**	**gewusst**
wollen 〜したい	*ich* will *du* willst *er* will	**wollte**	**wollte**	**gewollt** (wollen)
ziehen 引く		**zog**	zöge	**gezogen**

成田　節（なりた　たかし）
東京外国語大学教授
櫻井麻美（さくらい　まみ）
東京外国語大学非常勤講師

ドイツ語文法の基礎〔改訂版〕

2009年2月2日　初版発行
2018年2月2日　改訂版初版発行
定価　本体 2,400 円（税別）

編　者　成　田　　　節
　　　　櫻　井　麻　美
発行者　近　藤　孝　夫
印刷所　研究社印刷株式会社
発行所　株式会社 同　学　社
〒112-0005　東京都文京区水道 1-10-7
電話 (03) 3816-7011（代）・振替 00150-7-166920

ISBN 978-4-8102-0891-7　　　　Printed in Japan

許可なく複製・転載すること並びに
部分的にもコピーすることを禁じます．

アポロン独和辞典

［第3版］

根本・恒吉・吉中・成田・福元・重竹　　［共　編］
有村・新保・本田・鈴木

B6判・1836頁・箱入り・2色刷　　定価 本体 4,200円（税別）

初学者のために徹した最新の学習ドイツ語辞典！

◆ 最新の正書法に完全対応
◆ 実用に十分な5万語を収録
◆ すぐ読めるカナ発音つき
◆ 学習段階に応じ見出し語をランク付け
◆ 「読む・書く・話す」を強力に支援
◆ 見やすい紙面・豊富な図版
◆ すぐに役立つコラムと巻末付録
◆ ドイツが見える「ドイツ・ミニ情報」

巻末付録：和独の部／手紙の書き方／環境用語／福祉用語／建築様式／ドイツの言語・政治機構・歴史／ヨーロッパ連合（EU）と欧州共通通貨ユーロ（Euro）／発音について／最新の正書法のポイント／文法表／動詞変化表

やさしい！ドイツ語の学習辞典

根本道也　編著

B6判・770頁・箱入り・2色刷　　定価 本体 2,500円（税別）

● 見出し語総数約7000語。カナ発音付き。
● 最重要語600語は、大きな活字で色刷り。
● 最重要語の動詞や名詞の変化形は一覧表でそのつど表示。
● 一段組の紙面はゆったりと見やすく、目にやさしい。
● 巻末付録：「和独」「簡単な旅行会話」「文法」「主な不規則動詞変化表」

〒112-0005　東京都文京区水道1-10-7　　同学社　　tel 03-3816-7011　　fax 03-3816-7044
http://www.dogakusha.co.jp　　　　　　　　　　　　振替 00150-7-166920